prometeo
libros

EL RETORNO DE LOS HIJOS DEL EXILIO

Roberto Aruj
Estela González

El retorno de los hijos del exilio
Una nueva comunidad de inmigrantes

© De esta edición, Prometeo Libros, 2007
Pringles 521 (C1183AEI), Ciudad Autónoma de Buenos Aires
Tel./Fax: (54-11) 4862-6794 / 4864-3297
distribuidora@prometeolibros.com
www.prometeoeditorial.com

Diseño y Diagramación: R&S

Índice

Agradecimientos

Este libro se lo queremos dedicar a todos los hijos del exilio que aportaron la columna vertebral de este trabajo de investigación, incluso sobrellevando todas las dificultades que implican hablar sobre su situación. A sus padres, exiliados de una época oscura de la historia argentina. A Susana Neuhaus, quien aportó al comienzo del camino un conjunto de conceptualizaciones fundamentales para el inicio de la investigación. A Enrique Oteiza, porque con él concretamos el primer trayecto para intentar entender este fenómeno. A Hugo Calello, a Lelio Mármora y a todos aquellos que aportaron ideas para avanzar por el sinuoso sendero de este estudio. A los amigos y familiares que nos apoyaron siempre, y a nuestro editor que sigue confiando en los que nos animamos a escribir sobre temas tan importantes como estos, apostando a que algún día puedan ser conocidos por un importante conjunto de la población. Y a todos los que lucharon y sufrieron la persecución, el exilio y el retorno de una Argentina que ensangrentada por el Terrorismo de Estado, tiene la obligación de mantener su "Memoria Viva".

Prólogo

El trabajo de Roberto Aruj y Estela González que aquí presentamos, sobre "El retorno de los hijos del exilio", llena un vacío en el estudio de las múltiples marcas dejadas por las diversas formas del terrorismo de estado perpetradas por la más cruel de las dictaduras que usurparon el poder en nuestro país, el régimen encabezado por el general Videla y compañía. El exilio de un gran número de habitantes de nuestro país, fue una de las dolorosas heridas inflingidas a nuestro pueblo por ese régimen criminal. Por lo tanto el trabajo presentado en este libro es más que bienvenido.

Cabe recordar que por comparación es mucho lo que se ha escrito sobre las migraciones como resultado de trabajos de investigación rigurosa (desde diversos enfoques disciplinarios y multidisciplinarios), y también empleando el lenguaje del arte (literatura, teatro, cine y otras expresiones audiovisuales como la TV, etc.). Mucho menos se ha publicado sobre el exilio, si bien esta forma de emigración forzada ha sido objeto de textos ya clásicos desde la antigüedad, por lo general en registro trágico. Menos aún ha sido la preocupación de nuestros investigadores sobre ese otro fruto doloroso del exilio, el retorno de parte de esos "expulsados" a su país de origen marcado también por peculiares formas de sufrimiento: nuevas pérdidas, formas de estigmatización que se suponían superadas, marginación e incomunicación, entre otras. Al interior de esta dolorosa realidad que casi todos los exiliados que volvieron han padecido y cuyas secuelas aún subsisten, existe un subgrupo de retornados, los hijos, cuya problemática específica, diferente a la de sus padres, ha sido casi totalmente ignorada. Se trata del retorno al país de origen de ellos —la Argentina— de una nueva colectividad conformada por sus hijos. ¿Se puede presuponer que cuando los padres exiliados retornaron a nuestro país para los hijos esta nueva migración significó un retorno? ¿No habrá sido para ellos que crecieron y se asimilaron en otro país una suerte de nuevo exilio?

Al leer este trabajo, hay que tener presente algunos aspectos del contexto sobre el exilio argentino que afectan a los "retornados". Recuerdo que en un seminario sobre el 'exilio latinoamericano' que tuvo lugar en Caracas a comienzos de la década de 1980, Julio Cortazar hizo la reflexión siguiente:[1] los exiliados perdimos el país, la familia, los amigos, el contacto cotidiano con la cultura del hogar donde nos criamos y crecimos, el trabajo y nuestra inserción económica y tantas otras cosas importantes, pero nos fuimos a otros países en los que tuvimos que reconstruir nuestras vidas y la de nuestras familias, en cambio tuvimos grados razonables de libertad, lo que nos permitió desarrollarnos y madurar sobretodo en dimensiones de nuestra formación cultural y en nuestros campos de especialización. Entre tanto, la gran mayoría de los argentinos que no fueron cómplices de la dictadura –y aun los que lo fueron– sufrieron los efectos del asfixiante apagón cultural y la falta de libertad impuestos por el régimen del terrorismo de estado. Así continuó Cortazar "los exiliados que retornen a su país de origen en un futuro difícil de adivinar, hablarán un lenguaje diferente al del grueso de la población que quedó en su país de origen. Sin duda esto afectará el reencuentro de los exiliados retornados con la 'sociedad' de su país natal. La 'disonancia' de los discursos entre los que se quedaron y quienes retornan será un motivo adicional de sufrimiento para estos últimos". A esta lúcida observación, se suman desde luego otros motivos de sufrimiento al 'retornar' como el causado por muchas nuevas pérdidas irreparables construidas en el lugar de exilio, dificultades laborales y económicas que en la mayor parte de los casos ya se había resuelto, etc.

Todorov[2] desarrolló de manera muy interesante esta dimensión del retorno del "desplazado", una suerte de imposibilidad después de años de ausencia, de tener el mismo discurso del "lugareño", aunque se quisiera intentar adquirirlo. Son vivencias diferentes de carácter inevitablemente divergentes, padecidas durante periodos prolongados. Por otra parte el ex exiliado pretende o aspira al volver a su país ser escuchado como cualquier otro, pero su historia de 'afuera' no interesa, espera sin embargo no tener que pagar una vez más el 'derecho de piso' . Además con frecuencia debe sufrir "el estigma" recurrente de 'por algo se exilió',

---

[1] No la transcribo textualmente porque las numerosas y traumáticas mudanzas a los que me forzó el exilio hizo que durante largos años tuviera que ir abandonando los papeles queridos, partes de la vida.

[2] Tzvetan Todorov *El hombre desplazado*, Edit. Taurus; Madrid 1998

sin poder remediarlo, ni siquiera a costa de amputar parte de su discurso, su memoria, su forma de expresión "natural" en función de lo que tuvo que vivir.

En su trabajo, Aruj y González analizan y desentrañan los efectos específicos sufridos por el exilio de una familia y el retorno de la familia (o parte de ella), en el retorno no voluntario de los hijos de los exiliados al volver al país de sus padres.

El resultado de las entrevistas realizadas por los autores pone en evidencia una situación en la que 'el retorno del exilio' es traumatizante para padres e hijos pero con características diferenciales claras y efectos casi siempre más graves para los hijos de los exiliados retornados que para sus padres.

Los hijos de los exiliados han pasado por lo general gran parte de la infancia y la adolescencia en el exterior, en el seno de una familia que padeció no solo la ausencia y las pérdidas comunes a toda emigración, sino además el trauma de la violencia que llevó a la emigración forzada del exilio, casi siempre sin opciones sobre el país de acogida o refugio disponible para el exiliado. Las circunstancias violentas que motivaron 'el tener que irse' de manera súbita sin haber optado por irse constituyen un motivo de sufrimiento duradero que deja las marcas de las crisis profundas, es por estas razones que el exilio ha sido tratado desde la antigüedad, por filósofos, historiadores y grandes escritores como un castigo equiparable –o casi– a la muerte. En este contexto familiar, muy marcado por las consecuencias de estas crisis y traumas, las rupturas y divorcios aparecen en el estudio en una proporción elevada de familias exiliadas. Esto vuelve a ocurrir en las familias de exiliados después del retorno a la Argentina, como una historia que se repite pero en una situación diferente.

En una dinámica familiar de exilio e incluso de emigración voluntaria, se confirma que los hijos 'tienen todas las de ganar' asimilándose con sus nuevos amigos de la escuela, en el colegio, el edificio o el vecindario de residencia. Si los hijos no fueron demasiado dañados por las heridas que arrastraron sus padres exiliados y a veces por haber sufrido también ellos marcas directas dejadas por las prácticas del terrorismo de estado (tales como allanamientos, detenciones, tiroteos, así como el temor en escuelas, colegios y facultades en la Argentina antes del exilio familiar, etc.)

El tiempo –como todo en fenómeno social– es en el exilio un factor de gran importancia que se inscribe de manera particular en las historias de los hijos de los exiliados. Los niños y adolescentes atraviesan en el

desarrollo de su personalidad, de su identidad, por etapas bien defini-
das, aunque este proceso de crecimiento no es mecánico ni los tiempos
son idénticos. Por eso las marcas del exilio son distintas para los hijos
que para los padres, en las familias que sufren un exilio (y luego eventualmente un retorno).

Dado el paso de los tiempos en estas historias de ida y vuelta, es muy
valioso el marco histórico proporcionado en este estudio del contexto de
la Argentina en la época de la dictadura –momento en que se produce el
exilio– así como el marco del país en los años posteriores al año 1983, de
la transición a la democracia, donde la cuestión del retorno de los exiliados no aparece como prioridad. Este marco ubica los contextos que los
autores presentan de los exilios y luego de los retornos, tiempos diferentes en los que se inscribe la historia de las crisis por las que deban atrave-
sar quienes integran la colectividad de los hijos de exiliados retornados a
la Argentina.

El trabajo aparece enriquecido por el tratamiento específico de los
aspectos psicosociales que afectan de manera diferenciada –aunque rela-
cionada– a los padres y a los hijos del exilio y del posterior retorno,
profundizando el análisis de los tiempos. Las dimensiones psicosociales
temporales, la edad, las etapas evolutivas –de los hijos– que constituye
'una variable' tan importante, están también desarrolladas en este trabajo. Este aspecto del trabajo es importante pues permite desentrañar las
diferencias en aspectos centrales de los problemas que el retorno produce en padres e hijos. Para los hijos, aunque la decisión del retorno al
país de origen sea comunicada en familia, este cambio es vivido como
una imposición. Retornan los padres, o alguno de ellos y los hijos
están 'obligados' a seguir a ambos o a alguno de ellos. Los autores
desarrollan esta nueva ruptura de una estabilidad relativa en cierta
medida en que al retornar son los hijos, más y mejor asimilados al
país de exilio, que sus padres, los que pasan a sufrir una nueva crisis
en la que ellos son los exiliados.

También los autores hacen una contribución valiosa cuando plantean los problemas identitarios que este segundo desarraigo produce
en los hijos. En lo concerniente al retorno desde países con acuerdo
de doble nacionalidad con la Argentina, los hijos sufren menos la
problemática de la identidad nacional pues viven esta identidad ampliada con naturalidad, más como una ventaja que como una desven-
taja. Pero hay otras circunstancias donde también la identidad nacional resulta problemática para los hijos, produciendo una insólita in-
satisfacción permanente con el lugar de residencia que –en casos ex-

tremos– ya nunca se puede vivir como propio, como parte de la 'propia identidad'.

Por otro lado, el capítulo en el que se examina la mirada de los medios sobre esta problemática es muy elocuente sobre como el poder hegemónico manipuló los silencios y la información distorsionada sobre esta problemática.

En general puede concluirse que Roberto Aruj y María Estela González han realizado un aporte valioso a un aspecto del exilio –el retorno de los hijos– que se mantuvo en la sombra, fuera del interés de los medios de comunicación social, abandonado –salvo durante un breve período– en cuanto a políticas públicas explícitas y olvidado por los investigadores de las migraciones y colectividades.

Este libro constituye una contribución valiosa al traer a la memoria colectiva de la sociedad argentina que entre las consecuencias que el terrorismo de Estado, que la Triple A y formas similares de terrorismo de Estado y mas tarde la última dictadura genocida, fueron responsables también del exilio de un alto número de habitantes de la Argentina, nacionales y extranjeros, y de sus familias. La problemática de los hijos de los exiliados retornados, es una consecuencia más de los crímenes de los 'regímenes del periodo de la seguridad nacional' que asolaron a todos los países del Cono Sur y a la mayor parte de los ubicados en Centro América.

¿Por qué se ha ocultado o evadido la problemática de esas víctimas, que han sido los exiliados y sus familias? Las razones son complejas; mencionaremos sólo alguna de ellas.

En primer lugar hay que tener presente que la última dictadura concitó el apoyo de sectores no pequeños de nuestra sociedad, incluyendo no solo al grupo más concentrado del poder económico, sino también a la gran mayoría de los miembros de todas las fuerzas armadas y de seguridad y a la mayor parte de sus familiares, a otros sectores de la sociedad tradicionalmente simpatizantes de los regímenes de derecha, con presencia real en sectores de clase alta, media e incluso en ámbitos sindicales y religiosos. El número de los "ejecutores" de estas políticas de horror, los cómplices colaboracionistas conformistas y beneficiarios económicos conspicuos fue muy elevado. El régimen militar trabajó además propagandísticamente a través del Estado y con el apoyo de numerosos medios de comunicación social y de los sectores colaboracionistas y conformistas de la sociedad para estigmatizar el exilio. "Por algo será", "Son falsos desaparecidos que están lo más bien en el exterior", "Son antiargentinos que hacen en el exterior la campaña de descrédito del país", "Nosotros somos derechos y humanos mientras los exiliados usan los pseudos derechos humanos para desacreditar al Proceso de Reorganización Nacional", "son subversivos", "son zurdos", "son montoneros", "son turistas crónicos" y las demás categorías para ser etiquetados como merecedores de la pena eventual de la desaparición forzada. De hecho a algunos se los apresó en el exterior y se los torturó, asesinó y desapareció (ya al apresarlos). Los exiliados retornados fueron tratados de la misma manera.

Dentro de las propias víctimas del terrorismo de Estado, se trató inconscientemente, en algunos casos el grado de victimización como si este fuera parte de un macabro concurso de sufrimiento relativo, *en lugar de condenar a la dictadura por todos sus crímenes*, incluyendo el de expulsar del país de un muy elevado número de exiliados! Los exiliados mismos cayeron en alguna medida en esta trampa siniestra. Razonaron al colocarse en un marco de análisis equivocado, que como podían quejarse o reclamar algún tipo de justicia, cuando había tantos miles de detenidos-torturados-desparecidos que fueron víctimas de la más horrenda crueldad.

Es hora de remediar este error de perspectiva también con los hijos de los exiliados retornados ; sin duda este trabajo constituye una contribución valiosa para rescatar a estas víctimas de la dictadura, del olvido, para entender sus problemas y apoyarlos ayudándolos así a cerrar heridas y paliar dolores.

Enrique Oteiza
Profesor Titular de la Carrera de Sociología
Investigador del Instituto Gino Germani UBA
Miembro de la Mesa Directiva de la Asociación
Permanente por los Derechos Humanos (APDH)

Introducción

> La presencia de la muerte, del terror, nos empujó hacia
> un viaje sin retorno que es el destierro, obligándonos a
> vivir en otro país, sin elegir hacerlo. Atrás de la frontera
> quedaba una lucha truncada, la familia y el recuerdo de
> todos los compañeros. Esto generó culpas en los viejos
> que sentían que de algún modo, ese camino era el más
> fácil, cuando en realidad sólo era el único posible. Nos
> fuimos de un país que no conocíamos, llegamos a un
> lugar que no era el nuestro. Inventamos recuerdos y
> nostalgias de gente, calles, cosas, olores, para construir-
> nos un pasado. Y cuando volvimos —*los que volvimos*—
> *llegamos a una Argentina que no nos pertenecía.*[3]

A partir de 1983, con la apertura democrática, se inicia el proceso de
retorno de exiliados de la Argentina durante los dos últimos años del
período democrático (1974 y 1975) y la última dictadura militar (1976-
1983), y también, en menor número, de otros que habían sido expulsados en las dictaduras surgidas después del golpe del general Juan Carlos
Onganía (1966), que incluye los gobiernos militares de los generales Le-
vinsgton y Lanusse.

A partir de 1974 y 1975, el terrorismo de estado experimentó un
crecimiento con la aparición de la Triple A (organización paramilitar y
parapolicial cuyas siglas significaban Alianza Anticomunista Argentina)
y posteriormente en 1976, con la Dictadura Genocida, se produjeron
persecuciones, detenciones, encarcelamientos, tortura, desapariciones
físicas y muerte de personas pertenecientes a sectores que política e ideo-

---

[3] Hijos. N°4, mayo de 1998. Testimonios.

lógicamente se enfrentaron al sistema capitalista periférico implementado en el país. Militantes políticos, sociales, gremiales, culturales, trabajadores de diferentes ramas de actividad, profesionales de distintas disciplinas y sus familias, fueron víctimas de un terrorismo de estado, que tuvo su génesis en el desarrollo de políticas represivas por parte del gobierno y de grupos paramilitares, que actuaban con total impunidad ante todo aquel del cual se sospechase. Dentro de estos sectores hubo grupos que decidieron quedarse y enfrentar, de diferentes maneras, la imposición coercitiva de un proyecto que había comenzado a gestarse no sólo en la Argentina, sino en todo el mundo capitalista de la época; al mismo tiempo que se intentaba socavar la propuesta socialista en los países en donde se aspiraba poner en marcha ese otro tipo de sistema. En América Latina, y en particular en el Cono Sur, la implementación de la Doctrina de Seguridad Nacional en contra del "enemigo interno" (el fantasma del comunismo) desarrolló una maquinaria que, instrumentada por las Fuerzas Armadas y los grupos económicos más poderosos de la región, desplegaron un conjunto de estrategias que produjeron, entre otras cosas, la migración forzada de un sujeto colectivo que buscó fuera de sus países de origen la puerta de escape para evitar esa maquinaria del terror.

Este estudio propone una serie de interpretaciones en base al estudio de las circunstancias en que vivieron los hijos de exiliados retornados, indagando sobre el nivel de identificación, adaptación o rechazo en los países de exilio de sus padres y en la Argentina a partir del momento en que retornaron, abordando la problemática de los hijos de exiliados retornados, a partir del análisis de lo que significó el exilio y el retorno, teniendo en cuenta como las dictaduras invisibilizaron estos fenómenos, dejando en este sentido, una marca sustantiva en la sociedad argentina.

El trabajo comienza con una descripción histórica de las circunstancias en las que estaba inmersa la Argentina, para intentar entender que fue lo que les pasó a todos aquellos que tuvieron que exiliarse, y fundamentalmente a los padres y a los hijos del exilio y del retorno.

El principal objetivo de este estudio fue indagar sobre la incorporación, asimilación e integración a la sociedad Argentina de los hijos de exiliados retornados a partir de 1983, analizando el nivel de integración psicosocial de los exiliados retornados y de sus hijos con la sociedad receptora. Para ello fue necesario caracterizar a los integrantes del núcleo familiar del exiliado, como así también su articulación con el sistema de representación social y los valores culturales que tenían vigencia en el conjunto de la sociedad. Además, se evaluó la posible conformación de Nuevos Espacios Democráticos, posteriores a 1983, que contuvieran a los hijos de expatriados. Se analizó el discurso político hegemónico con relación a los exiliados durante el último periodo de la dictadura militar y a partir de la apertura democrática (desde 1983), teniendo en cuenta las prácticas sociales que generaba el nuevo poder político, sobre el retorno al país.

En este sentido, se investigó, por un lado, cómo se identificaban los hijos con el discurso hegemónico, o si su identificación se produjo con un discurso anti hegemónico. Además, se indagó la posición en que se encontraban frente a los diferentes discursos que operan en la sociedad.

Este estudio trabajó sobre el lugar asignado a los exiliados en el contexto social, una vez retornada la democracia, teniendo en cuenta si el discurso y las prácticas políticas apuntaban a su inserción, o si de alguna manera señalaban su diversidad frente al resto de la sociedad.

Se trató de reconstruir las políticas explícitas e implícitas que se dieron en materia de retorno de exiliados a partir de 1983 (el fin de la dictadura militar) y su impacto real en la situación de los jóvenes retornados, y sus familias inmediatas. La intención de este trabajo fue vincular el discurso político acerca de los exiliados con las posibilidades de integración que existían en la sociedad argentina para aquellos que pretendían retornar al país, o efectivamente volvían.

El análisis del discurso político hegemónico y su repercusión con estos sujetos, sugiere y requiere considerar la relación de éstos con los Nuevos Espacios Democráticos.

Durante la investigación, se tuvo presente la evaluación del impacto de las eventuales frustraciones en las expectativas de padres e hijos "retornados", surgidas al inicio de la apertura democrática.

Dada la estructura de edad de este grupo, y las diferentes fases por las que atraviesa un inmigrante, es conveniente formularse preguntas tendientes a explorar cuestiones relacionadas con el impacto del periodo inicial en el que se sufre el desarraigo: perdida de amigos y afectos, cambio no sólo de colegio, sino también de sistema educativo y en muchos casos de idioma, cambio de entorno urbano, etc.; problemas de identidad, desafíos planteados por la necesidad de adaptación al nuevo medio, de inserción en el nuevo proceso de formación, educación, trabajo, esparcimiento, etc.

Es importante en el análisis destacar que la descontextualización respecto a su lugar de nacimiento o crecimiento fue producto de la decisión de retorno de sus padres, debiendo los hijos insertarse en una sociedad que, en términos psicosociales, le fuera hostil en sus recuerdos.

Así, a estos jóvenes les toca experimentar las vicisitudes de una migración impuesta a un país signado por la herencia de una densa maraña de frustraciones, horror, afectos, algunos buenos recuerdos, y también lazos culturales paternos. Sin duda un bagaje y una experiencia difíciles de procesar. Y, por cierto, muy distintas de las expectativas que tienen los inmigrantes respecto del país al que se dirigen por propia decisión, o impulsados por situaciones de expulsión en sus países de procedencia, o por los motivos que impulsó el regreso de quienes fueron exiliados.

Debe tenerse en cuenta, asimismo, que la mayoría de los jóvenes que nacieron o se criaron en el extranjero, particularmente en Europa, EE.UU., Canadá o Australia, debieron soportar allí, entre otras cosas, el ser hijos de exiliados con frecuencia poco valorados.

En países en donde no tenían un ámbito de acogida de familia ampliada, ni de un ámbito cultural conocido en profundidad por sus padres. Donde la soledad inicial, producto de su situación de vida, los llevó a hacer el esfuerzo de incorporarse a un medio que, de allí en más, conquistarían, casi siempre, con más éxito que sus mayores.

Este trabajo, retoma las líneas trazadas en 1994 por los profesores Enrique Oteiza y Roberto Aruj. Es una investigación que se desarrolló desde mayo de 1998 en el marco de un Programa de Investigación de la Universidad de Buenos Aires.

CAPÍTULO 1

Triunfos y derrotas en una argentina convulsionada

La historia de la Argentina muestra como en diferentes momentos y sobre todo por circunstancias vinculadas a la lucha de los sectores populares para generar un sistema más igualitario, a los golpes de Estado por parte de las fuerzas armadas y a la persecución política ideológica, se produjeron exilios de todos aquellos que eran perseguidos y que tenían su vida en peligro. Pero también, esta historia permite identificar los momentos en los cuales se recobra por diferentes vías la institucionalidad democrática y se produce el retorno de algunos que se habían ido del país. Recobrar el periodo histórico que va desde los años próximos anteriores al golpe militar de 1976 hasta la década de 1990, permite abordar las causas y consecuencias del exilio y del retorno y fundamentalmente entender la situación actual de los hijos de los exiliados retornados a la Argentina.

Una aproximación histórica

La situación política y económica de la dictadura militar instaurada en Argentina el 24 de marzo de 1976 y los antecedentes socio-políticos al golpe de Estado, dio lugar a una importante emigración. Las causas, el temor a perder la vida o la libertad, las disidencias ideológicas con el régimen implantado en el país, o bien las limitaciones del mercado de trabajo local. Fue entonces cuando se produjeron grandes emigraciones de activistas políticos, de profesionales, intelectuales y artistas, creadores, investigadores, científicos y tecnólogos, trabajadores altamente calificados, dirigentes gremiales, y estudiantes, entre otros, conformando una verdadera sangría para la sociedad argentina.

El golpe militar, fue el resultado de una puesta en preparación y alerta de los sectores dominantes, en los que se incluye a la burguesía y a sus aliados externos, ante distintos sucesos a nivel internacional y nacional. En la Argentina de la época, importantes sectores de la sociedad civil se encontraban en un estado de disponibilidad al rechazar y/o cuestionar la estructura económica capitalista implantada en el país, generando una movilización política de los grupos subalternos, como el movimiento obrero, estudiantil, trabajadores agrarios, grupos intelectuales, sectores medios y de la pequeña burguesía nacional.

En el continente latinoamericano y a nivel internacional se conformó un imaginario colectivo, alentado por algunos sucesos revolucionarios y ejemplos victoriosos, en primer lugar el cubano, lo que incitó a la organización de la lucha por medio de las armas; sobretodo en los países que experimentaron largos períodos bajo dictaduras militares que sustentaban el modelo neo-conservador, y la conformación de guerrillas urbanas y rurales que constituyeron un complemento a las organizaciones antes mencionadas, las cuales plantearon una alternativa ideológico política antisistémica.

Luego de la muerte del presidente Juan Domingo Perón, asumió el gobierno la vicepresidenta, Isabel Martínez de Perón, lo que agudizó, por un lado, en el gobierno, el fraccionamiento de posiciones políticas e ideológicas frente a los lineamientos que se estaban gestando a nivel mundial, y por otro, en el movimiento nacional justicialista, los enfrentamientos internos, que produjeron una ruptura que enfrentó entre sí a diferentes estamentos de esta estructura política. Asimismo, el país debe afrontar no sólo una crisis social, sino también económica. Este nuevo escenario, fue visto como caótico por sectores tradicionalmente conservadores de la sociedad, lo que acarreó una exacerbación del reclamo de un "orden social" de una parte de la sociedad argentina que, una vez más, vio a los militares como un medio de menguar los conflictos, frenar el progresivo crecimiento y desarrollo de un movimiento contestatario al régimen político y al sistema capitalista y consolidar un régimen conservador alineado con los nuevos modelos neoliberales que se imponían en otras partes del mundo. Este era el inicio de uno de los procesos más cruentos que haya tenido la historia argentina. Amplios sectores de la sociedad recibieron sin embargo con beneplácito el golpe de Estado y su gobierno de facto.

En la etapa anterior al golpe, la sociedad se encontraba en una situación de *crisis de dominación social*[4]. La crisis estaba vinculada al cuestiona-

---

[4] O'Donnell, G.: "El Estado burocrático autoritario", Paidos, Buenos Aires, 1986, p. 51.

miento de las relaciones sociales vigentes en ese momento. Las clases subalternas habían comenzado a interrelacionarse y a debatir el orden existente. Podía ser el comienzo de un enfrentamiento masivo a la reproducción de las relaciones sociales tradicionales y al rechazo explícito a los sectores que se encontraban realmente en el poder. Los distintos niveles de movilización, que se fueron dando en varios sectores de la sociedad civil, y la organización presentada entre muchos de ellos, fue considerada como "desorden, subversión e indisciplina". Para los sectores que tradicionalmente ostentaron el poder y que defendieron el sistema capitalista en occidente, no sólo era una cuestión de desorden, sino que consideraban que esta situación era producto de un mal funcionando del aparato coercitivo del Estado y de sus mecanismos de control ideológico, lo que habría paso también a una posible alternativa alineada al bloque liderado por la URSS, en el marco del conflicto de la Guerra Fría.

Las organizaciones políticas armadas estuvieron presentes en la escena de esta denominada "crisis de dominación", lo que acarreó, aún más, ese reclamo de "orden" por amplios sectores de las capas medias de la sociedad y de la burguesía en su conjunto.

> *El peso real, material, de esa crisis aguda (que desde la muerte de Perón recuperaba, hacia atrás, otras escenas que sostenían una cadena asociativa en torno del fantasma del caos y la guerra social) se cargaba con las imágenes y las escenas en las que una buena parte de la sociedad plasmaba, defensivamente si se quiere, sus tópicos preferidos: orden, autoridad, repliegue sobre la familia y los negocios privados. No se trataba, como suele decirse simplificadamente, de una sociedad aterrorizada sino, sobre todo, prudente.... Esta disposición flexible estaba presente en distintos segmentos de la sociedad, desde los sectores empresarios, políticos y eclesiásticos, que obtenían tangibles beneficios, hasta las extensas capas medias (que en general carecían de genuina simpatía por el régimen) dispuestas a aprovechar los beneficios de la "plata dulce" [...][5]*

Como parte de la desestabilización del sistema, la burguesía impulsó una crisis económica en la cual desató una situación de hiperinflación, que desconcertó aún más a los sectores medios de la sociedad, los cuales, haciéndose eco del discurso hegemónico político, comenzaron a reclamar y a apoyar todas aquellas medidas que planteasen la defensa de sus intereses de clase.

En todo el Cono Sur de América Latina, las Fuerzas Armadas y de Seguridad derrocaron a los gobierno democráticos, no sólo para 'garantizar el orden', sino para combatir todo posible intento de homogeneiza-

---

[5] Vezzetti, H.: "Pasado y Presente. Guerra, dictadura y sociedad en la Argentina" Siglo veintiuno editores Argentina. 2002. Pág. 62, 63

ción de la sociedad civil, e imponer un proyecto digitado por los centros de poder del capitalismo internacional y aprobado por sus socios locales.

El restablecimiento del "orden nacional" fue el argumento utilizado por las Fuerzas Armadas para justificar el gobierno de facto y las acciones de extremo autoritarismo. *Se propusieron, por un lado, lograr la subordinación del conjunto de la sociedad civil, y por otro, la 'normalización' de la economía"*[6], a través de la imposición del libre mercado, génesis del neoliberalismo que comienza a desplegarse con mayor intensidad a partir de la década de 1980 y que termina de consolidarse en la era de la globalización desde la década siguiente hasta la actualidad. *Esto implicó una profunda reestructuración de la economía y de la sociedad argentina que significó un corrimiento de los ejes que hasta el momento venían siendo centrales en el proceso económico. La industria nacional y la retroalimentación del mercado interno comenzaron a ser desincentivadas mediante medidas precisas al respecto.*

Las políticas de desindustrialización y desactivación del mercado interno tenían como objetivo no sólo la homogenización de los grandes sectores propietarios, sino también la heterogeneización de las clases subalternas.[7] En este sentido, las estrategias para tal fin abordaron los siguientes aspectos:

- El plano económico, con la denominada "normalización" de la economía.

- El plano político, con la implementación del terrorismo de Estado.

- El plano cultural, con un vaciamiento de los espacios culturales y un ataque sistemático a la ciencia y al resto del mundo intelectual, artístico y de la educación

Las Fuerzas Armadas asumieron el gobierno bajo la ideología de la "Doctrina de Seguridad Nacional", impregnada por el concepto de dominación ideológica bajo cualquier medio. Estados Unidos tuvo un papel preponderante en el despliegue de esta doctrina, mediante la cual impulsó la concepción y estrategias para eliminar al denominado "enemigo interno", constituyendo éste, todo aquél que difiriera, se opusiera o propulsara un modelo societario diferente en toda Latinoamérica.

Esta Teoría de Seguridad Nacional implicó la militarización del Estado y de la política. Bajo el imperio de las Fuerzas Armadas quedó todo lo concerniente a la dominación política, los mecanismos de control y los

---

[6] O'Donnell, G.: Op. Cit. 1986, pp. 60-62

[7] Villareal, J.: "Los hilos sociales del poder" en Jozami, Paz y Villarreal: *Crisis de la dictadura argentina. Política Económica y cambio social (1976-1983)* 1985, pp. 203-204).

aparatos represivos, que fueron desplegados en todos los ámbitos de la sociedad. Se excluyó del proceso de toma de decisiones tanto a los organismos representativos, como a los partidos políticos, a los sindicatos, organizaciones vecinales, entre otros, que se opusieran a la política hegemónica de los grandes grupos económicos, que estaban integrados estrechamente al régimen autoritario, así como a los sectores sociales que acompañaron y legitimaron dicho régimen.[8]

El golpe de Estado significó un reposicionamiento de las Fuerzas Armadas en el poder, con la idea de perdurar, sin límites de tiempo, y con todos los recursos disponibles en la sociedad, para imponer su plan. Dueños del poder político y de la vida de cada uno de los habitantes del país, en este gobierno de facto confluyó la exaltación de las estructuras jerárquicas y la restricción a la libertad individual grupal y/o colectiva. Medidas consideradas, por la Doctrina de Seguridad Nacional, como aspectos básicos para la conformación del "orden social".

En estos regímenes el Estado es presentado como diferenciado y externo a la sociedad. De esta manera, el poder político subsumió a toda la sociedad; todas las actividades económicas que realizó estuvieron a merced de los grupos de interés que se encontraban en el poder, y se pudieron llevar a cabo por medio de la eliminación de la "protesta" como mecanismo de demanda. La libertad de expresión fue coartada y esto se vio reflejado en la ausencia de un discurso opositor en los medios de comunicación masivos.[9]

El golpe militar significó la unificación de la conducción general de la economía, lo que incluyó a su vez, el apoyo mayoritario de los cuadros jerárquicos del clero, el poder judicial, y el de las Fuerzas Armadas, así como el disciplinamiento del conjunto de las fracciones subordinadas.[10] Esta estructura jerárquica de carácter rígido, fue controlada por las Fuerzas Armadas y de Seguridad. La ciudadanía quedó totalmente suprimida, ya que sus derechos civiles y políticos fueron avasallados en toda su extensión.

En cuanto al mercado de trabajo tuvo gran significado la modificación del rol que tenía el salario dentro del funcionamiento de la economía y que retroalimentaba el circuito que garantizaba un mercado interno activo, la dominación en la economía del sector financiero y la especulación, era el nuevo modelo que se le presentaba

---

[8] González, E.: "La Dictadura Militar (1976-1983)", en *Sociedad, política y Economía en la argentina Contemporánea.* Tercera Edición. Montaldo Ediciones. 2004 Pág. 133

[9] González, E.: Op. Cit. 2004 Pág. 134

[10] Izaguirre, I.: "Los desaparecidos: recuperación de una identidad expropiada", *Los fundamentos de las ciencias del hombre.* CEAL, Instituto de Investigaciones de la Facultad de Ciencias sociales de la UBA. Buenos Aires. 1994, pp. 13-17

a la Argentina. Los productores reorientaron sus inversiones hacia este sector lo que implicó el comienzo del cierre de numerosas industrias y desnacionalización de otras, proceso que fue acompañado por la transferencia de recursos al exterior. La ley de Contrato de Trabajo fue modificada, en especial en lo referido a la temática salarios y pérdida de derechos laborales, con el fin de profundizar la distribución regresiva del ingreso ya que de esta manera se disminuía su cuota de participación en la distribución del producto y en consecuencia también *la demanda de bienes por parte de los trabajadores.*

Prohibida la actividad gremial y el derecho de huelga, la Confederación General del Trabajo quedó intervenida. La represión se extendió a diversos miembros que no se plegaban al dictado del régimen militar, de los gremios –adherentes, activistas y dirigentes– los cuales fueron perseguidos, encarcelados, torturados y también desaparecidos. Asimismo, las organizaciones sindicales fueron debilitadas económica y socialmente, al eliminar la obligatoriedad de los aportes de los trabajadores.

Durante el periodo señalado se aceleró y profundizó el proceso de desindustrialización del país que había comenzado poco antes en el Ministerio de Celestino Rodríguez, con la consecuente precarización del salario y la desactivación social del Estado. Esto implicó que las contribuciones personales de los trabajadores a la obra social y a la jubilación fueron aumentadas y la de los empleadores eliminadas.[11]

Las acciones de exclusión social se hicieron notables en el ámbito de la salud. *"Los hospitales públicos volvieron a exigir los 'certificados de pobreza' tal como se hacía a principios del siglo veinte" y los asalariados comenzaron a abonar los denominados "pagos adicionales" o "servicios diferenciales" por los servicios recibidos.*

Las políticas referidas a cuestiones urbanas impulsaron una reestructuración de la ciudad, excluyendo a los sectores subalternos mediante medidas como la erradicación de villas y posterior traslado de las personas a zonas suburbanas o deportarlas a sus países de proveniencia, liberalización de los precios de los alquileres, pensiones y hoteles, aumento de las cuotas de los créditos hipotecarios, y la construcción de autopistas, que implicó la destrucción de centenas de viviendas. De esta manera, los menos pudientes fueron coaccionados a alejarse de los centros de poder y quedar "ocultos" a la vista de la burguesía, de los sectores medios y de los turistas, que visitarían el país para el mundial de 1978.

---

[11] Cortés, R. y Marshall, A.: "Estrategias económicas, intervención social del Estado y regulación de la fuerza de trabajo. Argentina 1880-1990" en: Revista Estudios del trabajo N° 1 primer semestre. ASET- Buenos Aires. 1991, p. 38.

En este periodo el Estado redujo el gasto público, lo que repercutió en los aportes recibidos por las provincias y por las empresas públicas. El empleo público sufrió una reducción, y los gastos del estado en educación, salud, vivienda y previsión social disminuyeron considerablemente, mientras los de "seguridad y defensa" ascendían a 5% del PBI.

Asimismo, la sociedad argentina sufrió un profundo vaciamiento intelectual y cultural. En el ámbito educativo, se cerró la participación docente en la orientación y conducción del sistema de enseñanza. Se instauró un disciplinamiento autoritario en la actividad educativa en su conjunto, lo que se instrumentó y complementó por medio de una política de descentralización, aumentando de esta manera la segmentación regional de la educación y la profundización de la reproducción de sectores sociales. Estudiantes, profesores, artistas y escritores fueron perseguidos y asesinados[12]. El mismo día que se produjo el golpe de Estado, la junta de comandantes en jefe expresaba en uno de los comunicados que sería "reprimido con reclusión de hasta diez años el que por cualquier medio difundiere, divulgara o propagara noticias, comunicados o imágenes con el propósito de perturbar, perjudicar o desprestigiar la actividad de las Fuerzas Armadas, de Seguridad o Policiales"[13]. Se prohibieron y se quemaron libros, se cerraron teatros. Se censuraba el cine y se intervinieron todas las Universidades Públicas (cero autonomía).

El terrorismo de Estado se implantó en todas sus dimensiones posibles.

El aparato represivo accionó desde dos perspectivas: por un lado las acciones públicas relacionadas con la estructura normativa formal y constituidas por una legislación de excepción, que incluyó poderes casi ilimitados; por el otro, la acción represiva implementada en la clandestinidad, que por la modalidad misma de la estrategia no contenía normativas específicas.[14]

El Estado terrorista llevó a cabo la persecución, la detención y la desaparición física de personas consideradas como opositores o bien sospechosas de serlo: Instaló centros de detención, tortura y desaparecimiento clandestinos. Deportó e hizo desaparecer a migrantes de países limítrofes entregándoselos a otros gobiernos militares, que para entonces regían en

---

[12] Entre ellos se puede mencionar a los escritores Rodolfo Walsh, y Haroldo Conti, incluidos entre los más de ochenta periodistas desaparecidos, el dibujante Héctor Oesterheld, entre otras personalidades de la cultura, así como más de tres mil universitarios desaparecidos. La mayor parte de ellos, estudiantes.

[13] CONADEP: "nunca Más". EUDEBA. Buenos Aires 1998, p. 367.

[14] CELS Coloquio: "La política de desapariciones forzadas de personas" Coloquio celebrado en París entre el 31 de enero y el 10 de febrero, 1981.

la región. Y desató un sin número de crímenes de lesa humanidad en forma sistemática y masiva.

Los datos obtenidos por la CONADEP sobre la profesión u ocupación de las personas desaparecidas son los siguientes: obreros 30,2%, estudiantes 21%, empleados 17,1%, profesionales 10,7%, docentes 5,7%, autónomos 5%, amas de casa 3,8%, ciudadanos bajo bandera 2,5%, periodistas 1,6%, actores y artistas 1,3%, religiosos 0,3%.

"La Comisión Nacional sobre la Desaparición de Personas en la primera edición de su informe de 1984 tenía registrado 8960 personas desaparecidas las cuales continúan estándolo. Sin embargo siempre estimó que el número excedía esa cifra. Los organismos no gubernamentales defensores de los Derechos Humanos como Madres de Plaza de Mayo y el Servicio de Paz y Justicia sostienen que las víctimas llegaron a 30.000 personas".[15]

Durante esta época los países del Cono Sur fueron gobernados por dictaduras militares, las cuales conformaron una red de represión denominada Plan Cóndor, que consistió en rastrear y eliminar a los opositores políticos. Los secuestros, las torturas y los asesinatos llevados a cabo por las Fuerzas de Seguridad y avalados por los gobiernos dictatoriales no contemplaron las fronteras nacionales. El aparato represivo se extendió más allá de los límites geográficos, y funcionaba en países vecinos en el marco de la cooperación intergubernamental, regional, instalado por las dictaduras militares de los países vecinos y el nuestro. Para los represores las fronteras eran sólo ideológicas y su tarea consistía en perseguir y reprimir al "enemigo interno" sin importar la nacionalidad del mismo. Las agencias de inteligencia de los distintos países trabajaron conjuntamente para realizar persecuciones, desapariciones y asesinatos.

Exilio. Aspectos psicosociales

Por exilio entendemos la "emigración forzada por razones de temor ante la agresión o eliminación física, o la pérdida de libertad..."[16]. "Significa privarlo, a su pesar, de sus bienes más queridos y renunciar sin quererlo, a su cotidianeidad y a su historia."[17]

---

[15] CONADEP: en www.nuncamas.org.

[16] Mármora, L.: "Las políticas de migraciones internacionales", OIM/Alianza Editorial, Bs. As., 1997, pág. 67.

[17] Neuhaus, S.: "La subjetividad del migrante". Mimeo.

Históricamente el exilio fue un recurso de los Estados nacionales con regímenes autoritarios o dictatoriales para expulsar a aquellas personas que de acuerdo al régimen "desequilibraban el orden social o político". El exiliado, padece esta expulsión y desde el momento de su partida siente estar viviendo un fuerte castigo. Se siente desterrado, lo que le genera un estado de ansiedad depresiva[18], por el desamparo mismo que significa este hecho forzado de alto nivel de violencia.

El exilio puede analizarse como una migración forzada extrema, en donde el individuo, por razones políticas o ideológicas, debe abandonar obligadamente el lugar de residencia para desplazarse a otro lugar que probablemente no sea el elegido. Generalmente la partida es abrupta, sin un tiempo para la elaboración de la misma. El exilio produce un fuerte trauma en la vida del individuo y de su familia (si la tiene), el cual se puede entender como un suceso desgarrador que altera la integridad de un sujeto, desde lo emocional y psíquico, y que no llega a ser asimilada por quien lo está padeciendo. La migración forzada es una irrupción que afecta el arraigo, interrumpe abruptamente un proyecto de vida, el sentido de pertenencia y la identidad social; el tejido social en el que él y eventualmente su grupo cercano se rompe y esto afecta factores emocionales y de autoestima.

Partir de un lugar puede ser entendido como "dirigirse hacia" o bien "escaparse de". Esta última expresión es la que estaría más asociada al proceso del exilio. Partir puede ser entendido también como algo que se parte. La vida de los individuos que se exilian, de alguna manera, se parte, al dejar en su país de origen una red de lazos afectivos y tener que construir otros nuevos.

El desarraigo produce una serie de conflictos vinculados, por un lado, con la ruptura con el país de origen y, por el otro, con la perdida. La situación de ambivalencia que implica el vivir al mismo tiempo entre dos espacios: el de origen y el de exilio, a la espera del retorno, sin certeza. Ello genera una constante recreación de esta situación de "extrañeza y ajenidad", de no pertenecer al lugar donde se vive, y de pertenecer a otro donde no se puede vivir.

El exiliado, repentinamente se encuentra en un "nuevo lugar", lo que probablemente le genera extrañeza al sitio de arribo, paisajes y contexto social. Generalmente, afirman diversos autores, se presenta, al menos inicialmente un estado de depresión que se puede manifestar de distin-

---

[18] Grimberg, L. y R.: "Psicoanálisis de la migración y del exilio. Alianza, Madrid, 1984. Pág. 16.

tas formas, como angustia, incertidumbre, lapsos prolongados de llanto, falta de energía, entre otros. Pero junto con esto el exiliado debe enfrentarse a una nueva vida, conectarse con gente de otra cultura y buscar los medios para la reconstitución de su vida, por lo menos en lo que hace a la urgencia económica más inmediata. De esta manera, se presenta una gran incertidumbre por el futuro y la idea de retorno empieza a retroalimentarse ante las dificultades que tiene que enfrentar: búsqueda de vivienda, de trabajo, aprender un idioma, discriminación, etc.

El tiempo del exilio se vive como un tiempo transitorio, un tiempo vivido entre paréntesis, a la espera del retorno; un tiempo en el que se vivió "con la valija lista para volver", o bien como un tiempo de no-vida. "Se recuerda el exilio como una especie de no-tiempo, vivido con la casi certeza de que la vida real estaba esperando en otra parte"[19] , o en algunos casos extremos se "queman las naves", con todo lo que ello implica, incluso la muerte de una esperanza.

Es importante tener en cuenta que "producto de las pérdidas, el estrés y el shock cultural derivados de la inmigración, muchos de los miembros de la familia pueden reaccionar con depresiones. Y si se trata de los adultos del grupo familiar esto deja a los niños y adolescentes aún más solos.[20]

Vivir en otro lugar implica someterse a una demanda de cambios de conductas y a generar recursos para la subsistencia. Cuando la migración es forzada, y esta demanda se presenta repentinamente, en muchas ocasiones el exiliado no se adapta inmediatamente ante las demandas del medio, y entra en un estado de "crisis" con conflictos y obstáculos para la integración en su nueva residencia.

Durante su estadía en el país receptor los exiliados se enfrentan a dificultades, como el denominado *"choque cultural"*, lo que incluiría, entre otros aspectos, la dificultad de generar un nuevo grupo afectivo de referencia.

Es importante tener en cuenta la especial significación que adquiere la lengua o el idioma propio cuando se vive en un país con una lengua distinta. La lengua es aquel elemento que da cuenta de las relaciones más íntimas con el grupo familiar, las vivencias infantiles y las relaciones con los primeros objetos de amor están impregnadas en el idioma, por la

---

[19] Rebolledo, Loreto: Simposio Memoria Colectiva. Ponencia "Exilio y Memoria: De Culpas y Vergüenzas". Esta ponencia es parte de los resultados del proyecto DID SO/12-99/2 de la Universidad de Chile.
[20] Lafalla, V.: "Efectos psicosociales de las migraciones". Tesis de Maestría de Política Migratorias Internacionales. UBA-OIM. Directora de tesis: Dra. Diana Couto. 2004 (inédita).

"lengua materna". La competencia lingüística es uno de los factores fundamentales a la hora de analizar los obstáculos a la integración social. El no poder comprender ni hacerse comprender deja al individuo en situación de aislamiento y extrañamiento respecto de lo que lo rodea. No deben dejar de analizarse, por otro lado, las variantes y usos que se hacen de una misma lengua y que muchas veces se traducen, en el lugar de destino, en un uso legítimo y dominante (el que en él se habla) y otro percibido como distinto y que se aparta de la norma (el del migrante).[21]

Otra dificultad que se le presenta a los exiliados, es aquélla vinculada a los "problemas personales", como por ejemplo, la nostalgia del propio país, tanto de los vínculos familiares, como también del contexto, las costumbres y los hábitos (choque cultural). En el exilio comienza a vivir una situación de duelo.

Toda migración exige recrear cosas básicas, fundamentales...volver a crear un ámbito de trabajo, establecer relaciones afectivas con nuevas gentes, volver a contar con un entorno de amigos, instalar nuevamente una casa que no sea una tienda de campaña, sino también un hogar...[22]

El duelo es un proceso dinámico y complejo que involucra al individuo en su totalidad, que abarca todas las funciones del yo, implica un poder retirar la libido o montante de afecto depositada en ciertos objetos para poder luego investir, otros nuevos y todo este proceso no se lleva a cabo sino con un gran dolor. "El duelo es, por lo general, la reacción a la pérdida de un ser amado o de una abstracción equivalente: la patria, la libertad, el ideal, etcétera...[23]

Asimismo, es posible que el exiliado elabore mecanismos internos que le permitan continuar con su vida en el país receptor, y de esta forma eliminar el duelo que vive desde el momento mismo del exilio; la disociación será uno de estos mecanismos, lo nuevo pasará a ser lo bueno y lo dejado todo lo malo. "Las situaciones no superadas actúan como dogmas interiores, fijando pautas, estilos de vida, limitando opciones, tipos de relación, y estrechando al extremo los límites del mundo personal."[24]

Paradójicamente a este mecanismo de disociación, se suman una serie de sentimientos de dolor, ansiedad, nostalgia, culpa, que a su vez, acompañan durante todo el exilio, con el deseo y fantasía de retorno.

---

[21] Lafalla, V.: Op. Cit. 2004 (inédita).

[22] Grimberg, R. y L. Op. Cit, 1984, pág. 210.

[23] Freud, S. "Duelo y melancolía". Amorrortu Editores, Buenos Aires, 1990. Citado en Lafalla, Valeria: Op. Cit

[24] Neuhaus, S. Y Calello, H. "Aspectos psicosociales de la migración: exilio y retorno", Pág. 3, en Red Informática FLAPAG.

Recordar el exilio conecta con frecuencia, con fuertes sentimientos de culpa, de duelo, derrota y hasta de traición. En cuanto a este último sentimiento señalado, se puede tener en cuenta el "síndrome del sobreviviente", que ha sido estudiado en los prisioneros de los campos de concentración nazis. En forma similar, los exiliados pueden sentirse abrumados por la culpa que experimentan frente a los compañeros que han visto caer a su lado, o cuyos terribles gritos han escuchados desde las celdas contiguas. Este estado de ánimo es campo fértil para el escepticismo, la desilusión, cuando no, la desesperación".[25]

El exilio latinoamericano, y específicamente el argentino, también estuvo acompañado por un sentimiento de culpa, de traición de derrota, de una frustración a unos ideales y lucha, que ahora quedaban perdidos en estrategias de supervivencia propia y de los más allegados en ese momento. Junto con la vivencia y las constantes noticias de amigos y/o familiares desaparecidos o muertos. Constantemente la duda, una incertidumbre sobre si era necesario retornar, o si lo correcto hubiera sino no exiliarse, para continuar con la lucha, una lucha que, a la vez, se veía cortada por el despliegue de las fuerzas de represión en la región.

Sin embargo, la traición no sólo se le presentó al exiliado como forma de culpa o "síndrome del sobreviviente", sino que apareció por parte del discurso político de la Dictadura, acusándolos de "anti-argentinismo", así como también entre ciertos grupos que se quedaron o bien que no encontraron las vías necesarias para partir. La "traición" aparece en escritos políticos de la época, en los comunicados internos de los partidos de izquierda, que condenaron a sus militantes que se asilaron o se fueron del país por sus propios medios, y se pesquisa también en el relato de los exiliados que volvieron, especialmente cuando recuerdan los factores que incidieron en la idea del retorno.

> La concepción del militante de izquierda como mártir (instalada en el imaginario latinoamericano a través de las figuras emblemáticas como Ché Guevara y Camilo Torres y en la memoria nacional a través de las luchas del movimiento obrero de comienzos del siglo XX) es la que sustenta esta memoria.[26]

El deseo de retorno impregna de nostalgia la vida del exiliado pero le da sentido, porque en todo migrante está presente la idea de retorno, reforzándose aún más en el caso del exiliado con la connotación forzada de su migración. La extensión de la crisis que afrontará cada exiliado dependerá de factores propios, de cada personalidad, pero

---

[25] Grinberg, Op. Cit. Pág. 190
[26] Rebolledo, Loreto: Op.cit.

también de las posibilidades que le brinden grupos de ayuda (relación con con-nacionales), equipos de profesionales y organismos especializados en la temática.

Acciones políticas y no gubernamentales

Como es de amplio conocimiento, y tal como se viene desarrollando en este trabajo, la represión desplegada por la dictadura militar impulsó al exilio a miles de argentinos. Sin embargo, ante este movimiento migratorio forzado hubo medidas tanto por parte del gobierno militar como de Organizaciones de Derechos Humanos. Claro que no todos los organismos velaron por intereses iguales.

En abril de 1976, mediante Decreto N° 21.275, se ratificaba la suspensión de toda tramitación sobre la opción de salir del país. En los considerandos se explicaba que el estado de sitio contemplaba la suspensión de las garantías constitucionales, por lo tanto, la posibilidad de salir del país ante la detención también estaba suspendida.[27] En relación a esta cuestión, vale aclarar que la Constitución Nacional, en su artículo N° 23, se explaya sobre el estado de sitio y otorga al Presidente de la República el derecho a arrestar o trasladar, de un punto a otro de la Nación, a personas que alteren el orden público, si ellas no prefiriesen salir fuera del territorio argentino.

Al año siguiente, el gobierno de facto elevó un decreto referido a "programas especiales de radicación e instalación de extranjeros en el país". Pero en el texto se hacía referencia también a los argentinos residentes en el extranjero. El decreto, en su visto, aludía a la prioridad de "establecer las normas legales que posibiliten el regreso de argentinos residentes en el exterior, y el ingreso y afincamiento en el país de núcleos humanos extranjeros, especialmente capacitados en tareas rurales, industriales, mineras y pesqueras, entre otras de interés para la República". En su artículo 3° se refiere a las personas que serán beneficiadas de las franquicias, argentinos y extranjeros que acrediten una residencia inmediata mínima de un año en el país de donde proceden.

Ante esta medida, el diario La Opinión expresó que, en materia migratoria, aparentaría estar a la altura de países como Canadá o Australia, pero que sería necesario "esperar para ver si no se trataba solo de papeles". De acuerdo como aclaraba el artículo periodístico, el Decreto "parece destinado a la repatriación de los argentinos que emigraron en busca

---

[27] El estado de sitio impuesto con frecuencia en la Argentina del Siglo XX, estaba nuevamente vigente en el país desde noviembre de 1974.

de mejores condiciones para ejercer sus aptitudes personales, y a fomentar la radicación de extranjeros, individualmente o en grupos, sobre todo en el interior".[28] Pero hace una clara omisión a aquellas personas que, teniendo la capacidad requerida, habían emigrado forzadamente por las circunstancias dictatoriales vigentes en el país.

Asimismo y en principio, se puede entender como una contradicción la persecución en forma sistemática, la retención en el país de connacionales mediante decretos específicos, y la invitación al retorno de los que estaban residiendo fuera del país.[29] Sin embargo, puede considerarse solo una paradoja aparente, si se tiene en cuenta que la dictadura militar, conforme a los principios de la Doctrina de Seguridad Nacional, tenía planificado un exterminio del denominado "enemigo interno". Por otra parte, también es preciso considerar la necesidad de apuntar a la opinión pública en la comunidad internacional, con el fin de contradecir los testimonios de los exiliados, especialmente en Europa. De todos modos el derecho al retorno o la posibilidad de hacerlo estaba limitado no solo por el "clima" general producido por el terrorismo de estado, sino además, por los riesgos que implicaba un Estado que discriminaba ideológicamente en el acceso al empleo o denegando la renovación del pasaporte entre otros instrumentos de los que se valía en todo momento.

En la ayuda a los perseguidos políticos estuvieron presentes organismos internacionales y organismos no gubernamentales.

La comunidad internacional lo hizo a través del ACNUR (Alto Comisionado de las Naciones Unidas para los Refugiados), que obtuvo el mandato de la ONU para la ayuda específica de los refugiados. Durante la época en estudio, el CIME (Comité Intergubernamental para las Migraciones Europeas) fue otro organismo de índole internacional e intergubernamental que brindó un importante apoyo y asesoramiento en la tarea humanitaria. Otros organismos internacionales prestaron su colaboración, como el Comité Internacional de la Cruz Roja, la OIT (Organización Internacional del Trabajo), el PNUD (Programa de las Naciones Unidas para el Desarrollo) y la UNESCO (Organización de las Naciones Unidas para la Educación, la Ciencia y la Cultura).

Desde que comenzaron los conflictos hubo Organizaciones no Gubernamentales que estuvieron presentes y dispuestas a realizar acciones de ayuda humanitaria. Entre ellas se cuenta como organización no gubernamental a CLACSO (Consejo Latinoamericano de Ciencias Sociales)

---

[28] Diario *La Opinión*, 22 de febrero de 1977.

[29] Sin embargo en noviembre del mismo año se sanciona otra Ley que amplía la opción a salir del país. Ley N° 21.449: 27 de octubre de 1976, publicada en el Boletín Oficial el 2 de noviembre de 1976.

que reubicó a 5000 latinoamericanos refugiados en la Argentina, en otros países de América Latina, Europa, Canadá y los EEUU. A nivel nacional lo hicieron entidades como CAREF (Comisión Argentina para Refugiados), organismo organizado a partir de la nueva problemática que se presentó en la región, y a la FCCAM (Fundación Comisión Católica Argentina de Migraciones) con una larga trayectoria en el país en ayuda a los inmigrantes.

Sin embargo, es importante señalar que el obstáculo encontrado, por los organismos internacionales (con excepción del CIME, actualmente OIM, que no depende de Naciones Unidas), fue que sólo tenían mandato para ayudar a migrantes, es decir, no estaban habilitados para brindar ayuda a aquéllos que se encontraban en el mismo país de origen. De todas maneras, vale destacar la valiosa labor que muchos de sus funcionarios realizaron sin tener el permiso correspondiente para actuar.

Asimismo, es preciso destacar que distintos organismos de Derechos Humanos preexistentes y otros que se constituyeron durante esa época con el fin de ingerir y reclamar sobre el destino de presos políticos y desaparecidos, buscados por sus familiares y amigos.

Durante los primeros meses de instaurada la dictadura en Argentina comenzó la formación de distintos grupos que denunciaban las atrocidades que se estaban llevando a cabo. Familiares y amigos de las víctimas reclamaban por la aparición y la libertad de los detenidos. Muchos de estos organismos se fundaron a consecuencia de la represión implementada por los militares (*Madres de Plaza de Mayo, Familiares de Detenidos y Desaparecidos por Razones Políticas y luego Abuelas de Plaza de Mayo*), otros con el objetivo de asistir a la víctimas y a sus familiares (*Servicio Paz y Justicia, Movimiento Ecuménico por los Derechos Humanos*) y otros que se dedicaban a tareas de apoyo legal o sistematización de la información (*Centro de Estudios Legales y Sociales y la Liga Argentina por los Derechos Humanos*). También actuaban en la atención de los DDHH los que se habían conformado anteriormente, (*SERPAJ, La Liga Argentina por los Derechos del Hombre o la Asamblea Permanente por los Derechos Humanos*), estos tomaron presencia política durante esa época,[30] y las más antiguas sobre todo en el Gobierno de Isabel Perón —y aún antes— en respuesta a los crímenes perpetrados por la Triple A.

Las denuncias se hicieron a nivel nacional e internacional, y los diferentes Organismos defensores de los Derechos Humanos presentaron re-

---

[30] Citado en Acuña, González Bombal, Jelin, Landi, Quevedo, Smulovitz, Vacchieri: "Juicio, Castigo y Memorias. Derechos Humanos y justicia en la política argentina" en La Investigación social. Nueva visión. Abril 1995. Buenos Aires, pág. 34.

cursos de Hábeas Corpus por las personas secuestradas, y colaboraron en la ayuda para la salida del país de aquéllos que lo fueron solicitando, y de los pocos detenidos, desaparecidos que sobrevivieron y pudieron ser trasladados a países europeos y/o latinoamericanos, sobre todo México, Venezuela y Costa Rica.

CAPÍTULO 2

El fin del terror. La apertura democrática

Todas las acciones emprendidas desde diferentes ámbitos e instituciones para colaborar con todos los perseguidos políticos fueron de vital importancia a la hora de encontrar un espacio para aquellos que debían exiliarse. En el proceso que va del exilio al retorno se suceden en estos sujetos, y en su grupo familiar, una serie de situaciones de vida que vinculan lo social, lo político y lo psicológico, así como también lo económico y lo cultural. Estos aspectos se pueden analizar en el marco no solamente del exilio propiamente dicho, sino también y fundamentalmente para nuestro estudio, para el retorno o la posibilidad del mismo.

Aspectos psicosociales del retorno

El retorno implica comenzar nuevamente, casi de cero. Es lo que Mario Benedetti, así como los hijos de exiliados, dieron en llamar "desexilio".

A su vez, el retorno puede ser interpretado como un intento de recomponer la propia identidad, que el destierro mismo, de alguna forma, desintegró. Las vivencias de violencia y represión, vividas previas al exilio, dejan su huella en la memoria y estructura familiar de los exiliados, influyendo en la vida durante el exilio y también en la posibilidad misma del retorno. También el retorno está marcado por la experiencia general y lo que se adquirió o no en materia de estudio y capacitación, experiencia laboral e ingresos.

Para León y Rebeca Grinberg, la fantasía de retorno en todo proceso migratorio ocupa un lugar muy significativo. Una vez dadas las condiciones para el retorno los sujetos pueden estar ante la posibilidad de concretarlo, entonces el retorno "es una nueva migración", que conlleva de nuevo riesgos de producción y una alta fragilidad en la vida personal y familiar.

La posibilidad de vivir cerca de parientes y amigos aparece como un factor importante entre los motivos del retorno, pero no siempre. Según Héctor Maletta, la mayoría de los exiliados retornados no mantiene una buena relación con la familia extensa, y en general, son muy pocos los que conservan sus viejos amigos anteriores al exilio, ya que, generalmente, giran en torno a amistades nuevas, formadas con personas que no fueron exiliadas, o tienen grupos heterogéneos e inestables de amigos, en los que no predomina una u otra categoría. Por su parte, Lelio Mármora plantea que los retornados tuvieron un significativo éxito, ya que la mayoría logró construir una red sólida de relaciones sociales.[31]

Para los exiliados el retorno también aparece como un uso de la libertad, poder elegir, volver o no volver.

Algunos autores hablan sobre la existencia de una "ideología de retorno" y un imaginario sobre el mismo. Según Mármora, el tema del retorno está inmerso en el "imaginario colectivo" de las sociedades rioplatenses, ya que fueron conformadas por inmigrantes en donde estaba presente la posibilidad de retorno al lugar de origen.[32] Sin embargo, la experiencia familiar cercana, en cuanto a migraciones, hace del exiliado argentino un ser más móvil que los exiliados de otros países latinoamericanos y, por lo tanto, le costaría menos que a otros de otro origen quedarse en el exterior.

Se puede estimar que muchos exiliados se encontraron en una situación de retorno producida casi compulsivamente, "sin saber demasiado por qué".[33] De ser así, éste aspecto nos interesa particularmente por la posible influencia que pudo haber tenido esta situación con los hijos de los exiliados retornados.

En este marco resulta oportuno retomar la pregunta que se realiza Maletta, ¿cuándo es el fin del retorno y cuándo un retornado deja de denominarse como tal?, y ¿cuándo se termina de considerarlo así? Se puede estimar a partir de estas preguntas que esta autodeterminación tiene

---

[31] Mármora, L. y Gurrieri, J.: "El retorno en el Río de La Plata" Cuadernillo N° 3 "Estudios Migratorios Latinoamericanos" Pág. 491.

[32] Marmora; Gurrieri: Op. Cit. Pág. 468.

[33] Maletta, H.: "Exclusión y reencuentro: aspectos psicosociales del retorno de los exiliados a la Argentina". Cuadernillo N° 1 "Estudios Migratorios Latinoamericanos" Agosto 1986 Pág. 220.

implicancias en la inserción de los hijos de exiliados en el marco de la sociedad de la cual se exiliaron y a la que luego retornaron sus padres.

Maletta señala como otro problema el hecho de haber estado exiliado, ya que puede ser un factor negativo en la biografía del sujeto.[34] El exiliado-retornado puede ser considerado, para un sector de la población, como una persona de la que "hay que cuidarse", sobre todo, porque sus ideas son agitadoras y no conformistas, generadoras de potenciales conflictos. El exiliado podía ser visto como un subversivo y una amenaza para la sociedad. La prédica "antisubversiva" de la dictadura militar perduró durante los primeros años de la apertura democrática, a pesar de la difusión masiva de las atrocidades y arbitrariedades de la represión de las Fuerzas Armadas durante ese período y sobre todo los efectos del terrorismo de estado, tuvieron un impacto durable después de 1983.

Asimismo se puede contemplar el "**no-retorno**", como categoría que permite entender cuáles son los motivos que producen la decisión de no regresar al país de origen. Algunos de los factores que habrían conducido al no-retorno de una mayoría de sudamericanos exiliados en diversos países de Europa, principalmente España, Italia, Francia y Suecia, optando por su permanencia y la de sus respectivas familias, al margen de la situación política del país de origen, pueden encuadrarse a partir de la tipología sobre el no retorno que Claudio Bolzman[35] realizó, lo cual permite estudiar las siguientes posiciones obstaculizadoras del regreso.

- *Desde lo económico*, los exiliados temerían perder condiciones de vida relativamente satisfactorias, conseguidas en las sociedades receptoras. También se cortaría el envío regular de aporte financiero indispensable que hacen desde Europa para las familias en el cono sur.

- *Desde los jurídico*, el no reconocimiento, ya sea de tiempo o años de trabajo, ya sea de los diplomas o estudios realizados en el exterior, como de las rentas jubilatorias o de invalidez, influyen en la decisión.

- Por lo *cultural*, debido a la identificación de la problemática, especialmente en los jóvenes de la segunda generación, las mujeres y

---

[34] Maletta, H.: Op. Cit. 1986 Pág. 229.

[35] C. Bolzman en "Los exiliados del cono sur. Dos décadas más tarde.", analiza la situación de los exiliados uruguayos, chilenos y argentinos. Publicado en Revista Nueva Sociedad N° 127: "Lejos del país; emigrantes refugiados exiliados", septiembre-octubre de 1993. Los factores que enuncia como conducentes al no retorno son de tipo económico, jurídico, cultural y psicosocial.

los matrimonios conformados entre diferentes nacionalidades. Muchas mujeres temen perder con el retorno la mayor autonomía adquirida en los países de residencia, ya sea en el ámbito familiar, social o económico.

Para los jóvenes nacidos o que han vivido la mayor parte de sus vidas en los países europeos, el viaje a Sudamérica es más una emigración que un retorno. Muchos temen sentirse extranjeros, ser considerados "gringos" o que la frágil identidad de seres biculturales ("latinoamericanos de Europa") que se han construido a duras penas, sea cuestionada.[36]

- Desde *el orden psicológico*; uno de ellos se presenta ante los recuerdos dolorosos de la represión sufrida por los exiliados y sus efectos en las familias de aquéllos.

En cuanto a la migración en los niños y jóvenes, el acto se vuelve más complejo porque incide en el proceso evolutivo. Además de tener que vivir, en muchas ocasiones, situaciones familiares o de alta emotividad en los momentos decisivos de la emigración o del retorno. La angustia que impregna cada uno de estos momentos es transmitida a los niños, aunque sea en forma inconsciente por parte de los adultos, en donde los menores conforman "un blanco" frágil de absorción de la angustia de los mayores.

Es preciso considerar, que la angustia y la pérdida del entorno, si bien en los adultos puede llegar a ser explícita, en los menores casi nunca les es sencillo expresar lo que sienten, sobre todo, si las sensaciones y sentimientos les son nuevos. Entonces se puede manifestar mediante diversos comportamientos, y no con palabras o llantos con una causa verbalizable por ellos.

El exilio y el retorno, "incluye no sólo dificultades personales que esta experiencia acarrea, sino los temores, culpas y responsabilidades frente a los que del emigrante dependen: los hijos y, en general, la siguiente generación".[37]

Acciones políticas hacia los retornados en la apertura democrática

Lelio Mármora, al hacer una lectura de las plataformas de los partidos políticos en ese momento, encuentra tres posturas: un grupo que no

---

[36] Mármora, L.: Op. Cit., 1997. Pág. 129.
[37] Grinberg, L.: Op. Cit. Pág. 153.

hace ninguna referencia al tema de los exiliados políticos y retornados (como el PJ; PDC; MID; PSA; MAS), otro que menciona a la emigración y propician el retorno, pero limitado sólo al de profesionales y técnicos (los partidos políticos que menciona principalmente son la UCR; AF; PI; PO; PSP; FIP); y una tercera línea, compuesta por un partido de derecha (UCD) que menciona a los exiliados como guerrilleros.[38]

Ahora bien, este autor propone que las estructuras institucionales (como la Comisión Nacional para el Retorno de Argentinos) se mantuvieron en los límites de una "acción asesora" y promotora de medidas administrativas, con corto tiempo de duración, y con un traslado de acciones ejecutoras hacia las asociaciones voluntarias u organismos no gubernamentales. Su Director Ejecutivo, el prestigioso sociólogo Jorge Graciarena, renunció poco después de ser nombrado, por constatar falta de voluntad política para concretar las políticas públicas necesarias, tendientes a promover el retorno de los exiliados.

Así, durante el gobierno del Dr. Raúl Alfonsín (1983-1989) nos encontramos con una débil presencia del Estado en el proceso de reinserción, no sólo como ejecutor de medidas sino también como coordinador de actividades, lo que va a repercutir en la efectividad de las acciones llevadas a cabo. A su vez, el Partido Justicialista, a pesar de no haber mencionado nada al respecto en su plataforma, presentó proyectos en el Congreso con el fin de facilitar la reinserción de los retornados.

Además, no se promulgó un régimen especial que solucionara parcial o totalmente la situación de aquellos que hubieran trabajado y aportado en países con los cuales Argentina no tiene convenios de seguridad social. Lo que sí se ha reconocido, son los aportes previsionales o jubilatorios de aquellas personas que hubiesen sido separadas de sus cargos por motivos políticos durante el gobierno de facto.

Los problemas más significativos con los que se tuvieron que enfrentar los exiliados retornados fueron los relacionados a la nacionalidad de los hijos nacidos en el exterior, y la documentación personal en general; el incumplimiento del servicio militar obligatorio (para los que retornaban con sus hijos varones nacidos en Argentina y se habían ido de muy pequeños); el reconocimiento de estudios realizados en el exterior, tanto en el ámbito secundario y terciario; así como el reconocimiento del período trabajado en el exterior.[39]

---

38 Marmora; Gurrieri: Op. Cit. Pág. 473, 474.
39 Marmora; Gurrieri: Op. Cit. Pág.480, 481.

Los años de retorno

Desde antes de la restauración democrática eran de conocimiento internacional los delitos de lesa humanidad cometidos por los militares durante la dictadura. La información permanente y las declaraciones realizadas en el exterior por los exiliados, ante diversos organismos Internacionales y medios de comunicación, fue el inicio de la divulgación sobre la represión sistemática desplegada en el país.

En 1982 comenzaron a retornar algunos exiliados, ante la sucesión de hechos que indicaban el final de la dictadura. Se realizaron marchas convocadas por la Confederación General del Trabajo en demandas de aumentos salariales, y en octubre de ese mismo año se realizó un paro nacional que obtuvo una amplia adhesión. Los organismos de Derechos Humanos realizaron importantes manifestaciones con el fin de reclamar por las víctimas de la dictadura: los desaparecidos y los presos políticos. Estas manifestaciones, que también exigían el retorno de la democracia, tuvieron fuerte impacto en la sociedad en general. Los partidos políticos involucrados en la Multipartidaria se sumaron al reclamo de una salida democrática y, un año antes de la restitución del sistema, esta organización convocó a una movilización que también obtuvo un importante apoyo de la sociedad.

El desenlace del régimen militar tuvo sus ambigüedades, por un lado la Multipartidaria parecía dispuesta a aceptar un compromiso de no investigar sobre las violaciones a los Derechos Humanos que había cometido el régimen de las Fuerzas Armadas durante su estadía en el poder, pero asimismo se proponía restablecer el orden jurídico.

En septiembre de 1983, el gobierno militar, antes de su retirada, sancionó la "Ley de Pacificación Nacional"[40] en la cual se sostenía que todas las acciones llevadas adelante por el Proceso Militar (terrorismo de estado), cometidas entre el 25 de mayo de 1973 y el 17 de junio de 1982 debían ser considerados como actos de servicio y no juzgados.

Las elecciones tuvieron lugar el 30 de octubre de 1983 y el 10 de diciembre del mismo año comenzó la apertura democrática. Los años de transición democrática fueron también ambiguos

Esta transición, luego de casi ocho años de dictadura, tuvo sus avances y retrocesos. En principio, el tema elemental a resolver estaba vinculado a las Fuerzas Armadas. Además del discurso autoritario y desmovilizador que impregnaba la sociedad civil, producto del terrorismo de

---

[40] Ley de pacificación Nacional (Ley 22.924, del 24 de septiembre de 1983) en: Acuña y otros, 1995, p. 47.

Estado y el disciplinamiento instaurado en la sociedad, pesaba la "Teoría de los dos Demonios". Teoría que culpó tanto a las Fuerzas Armadas como a los grupos guerrilleros, ubicándolos en un mismo nivel, generalizando el concepto de "guerra", volcando las principales responsabilidades a la dirigencia y excluyendo de las mismas al Estado y a las Fuerzas Armadas como institución.

Esta *"teoría"*, impregnada en la sociedad y sostenida también por los medios de comunicación, puso en duda la acción delictiva y clandestina sistemática de las Fuerzas Armadas y sustentó la visión que todo militante político era un posible subversivo. La idea de "guerra" de alguna manera justificaba los crímenes cometidos por los militares, situación que posiblemente perjudicó el retorno de exiliados y la reinserción de los retornados.

De todas formas, durante la apertura democrática se llevaron a cabo dos acciones que significaron una fuerte reivindicación de los Derechos Humanos, el juicio a las Juntas[41] y la creación de la CONADEP (Comisión Nacional de Desaparición de Personas). Pero la construcción de una cultura democrática generalizada se encontraba igualmente amenazada, en un principio, por la adopción de la "Teoría de los dos demonios" como doctrina válida y, posteriormente, por la sanción de las Leyes de "Punto Final"[42] y de "Obediencia debida"[43]

A partir de 1983, en la etapa inicial del retorno de la democracia, argentinos que vivían en el extranjero comienzan a regresar, en un contexto de grandes expectativas que abarcaban a toda la sociedad. Se anunciaron proyectos de apoyo a los retornados que proponían facilitar su reinserción, pero que no llegaron a concretarse de manera efectiva.

Para los retornados o para aquellos que quisieron regresar no hubo programas concretos y eficaces por parte del Gobierno, salvo algunas medidas aisladas que se contraponían a la crisis constante y progresi-

---

[41] En diciembre de 1983, mediante disposición de dos decretos presidenciales, se sometió a juicio a las tres primeras Juntas militares, y a su vez a siete miembros de la guerrilla, pertenecientes al ERP y a Montoneros.

[42] Ley N° 23.492: Sancionada el 23 de diciembre de 1986 y publicada en el Boletín Oficial el 29 de diciembre de 1986. La Ley estableció un plazo de sesenta días para la extinción de la acción penal respecto de toda persona por presunta participación en cualquier grado en los hechos ocurridos en materia de violación a los Derechos Humanos durante el periodo 1976-1983.

[43] Ley N° 23.521: Sancionada el 4 de junio de 1987. Publicada en el Boletín Oficial el 9 de junio de 1987. Esta Ley determinaba que no eran punibles de delitos aquellos que durante la época de la dictadura militar revistaban como oficiales subalternos, suboficiales y personal de tropa de las fuerzas armadas , de seguridad, policial y penitenciarias.

va del "ajuste" que se instalaba de nuevo en el país (limitando las oportunidades de empleo). Obviamente los coletazos del golpismo militar carapintada y las concesiones a los responsables de crímenes aberrantes de Estado, no ayudaron para que el contexto le fuera atrayente como para retornar.

En cuanto al retorno, éste fue una decisión familiar o individual, de acuerdo a las posibilidades particulares de quienes regresaban, ya que no se contó con apoyo estatal efectivo ni con ninguna suerte de acogida especial de tipo político, social o económico.

Hubo muchos residentes argentinos en el exterior que realizaron viajes exploratorios para evaluar las perspectivas de retorno. Al no encontrar condiciones favorables, optaron por no regresar y continuar con su vida en el país que los había acogido. Otros retornaron y después de un tiempo volvieron a emigrar.[44]

Esta situación, desfavorable para quienes tenían que regresar está íntimamente ligada a la posición del gobierno frente a esta problemática. En ningún momento se desarrollaron políticas sociales claras que incluyeran a los repatriados, ni se incentivó el retorno, más allá de las propuestas que surgían del discurso. El doctor Alfonsín, antes de llegar a la presidencia de la Nación, realizó una serie de viajes por algunos países de América y Europa, en donde se reunió con sectores importantes de la comunidad de expatriados argentinos, prometiéndoles facilidades de reinserción con la ayuda del gobierno, naturalmente siempre y cuando ganara las elecciones.

A pesar de los anuncios de apoyos especiales para la radicación no hubo préstamos con bajo interés ni planes de vivienda para los retornados. Sólo se aprobaron algunas medidas vinculadas a facilidades aduaneras para el ingreso de las pertenencias personales de aquellos que querían regresar al país, lo cual no ahorró engorrosos trámites aduaneros. Tampoco el Gobierno Argentino suscribió el Tratado (regional) de México, sobre convalidación y reconocimiento de estudios, títulos y grados, lo que hubiera simplificado mucho la inserción de los jóvenes retornados, o potencialmente retornados, al sistema educativo. Se aprobó sin embargo un Decreto de convalidación de estudios para exiliados y sus hijos, que tuvo validez hasta 1985.

---

[44] Graciarena, J.; Prólogo de "Dinámica Migratoria Argentina (1955-1984): Democratización y Retorno de Expatriado". Volumen compilado por Alfredo Lattes y Enrique Oteiza. Centro Editor de América Latina, Nros. 194 y 195, Buenos Aires, 1987.

El gobierno facilitó la tramitación de documentación personal, eliminando dificultades que se manifestaban en muchos casos para la obtención del DNI (Documento Nacional de Identidad), imprescindible para vivir y trabajar normalmente en el país.

El CONICET desarrolló algunos programas especiales que incluían unas pocas becas de reinserción, con el fin de repatriar investigadores, ligados estrictamente a ciertas profesiones y ciencias, que fueron bastantes limitadas.

Reincorporó también a los miembros de la carrera de investigador, que hubieran sido separados de sus cargos durante la dictadura por motivos políticos por parte de la misma, lo cual incluyó tanto a científicos y tecnólogos argentinos radicados en el país, como en el exterior. Eliminó también la ingerencia de los servicios de inteligencia en la designación de personal científico y académico.

Por otra parte, hubo algunos programas de la ONU, el CIM (Comité Internacional de Migraciones) y otras organizaciones internacionales, que realizaron actividades para apoyar el retorno de exiliados o refugiados políticos argentinos, especialmente el pago de los gastos de viaje de la repatriación.

La ONU, a través del Alto Comisionado para refugiados, instrumentó y viabilizó una donación del Gobierno dinamarqués de diez mil dólares, que fue el único aporte en dinero que se asignó, con el fin de apoyar iniciativas de argentinos radicados en el extranjero, que retornaran al país.

Cabe preguntarse por qué no hubo, pese a las declaraciones, discursos y promesas por parte de los gobiernos del Dr. Alfonsín y posteriormente del Dr. Menem, políticas eficaces concretas tendientes a apoyar a los retornados. Se ha preferido ocultar a la sociedad buena parte de la información sobre movimientos migratorios, sobre las idas y venidas de una franja de la población argentina que por distintos motivos tuvo que emigrar forzadamente, por motivos fundamentalmente político ideológicos. No se realizaron estudios serios sobre esta cuestión, solo existen trabajos apoyados por el UNRISD (Oteiza y Lattes) o por unos pocos investigadores independientes.

La problemática de los retornados y las condiciones de vida con las que se han encontrado al volver, que frecuentemente no les han sido favorables, constituye un testimonio elocuente de los obstáculos que han tenido que sortear para volver a vincularse con su país de origen.

Ocultando esta situación de los ex exiliados, los gobiernos posteriores a 1983 han evitado quedar expuestos, y no han necesitado dar explicaciones a la opinión pública, a la cual se trata de desinformar, manipular y controlar.

Una de las imágenes que se tendrá del retornado, del que se exilió, es la del fracaso: "han regresado porque en el extranjero no les fue bien".

Ante esta situación y muchas otras, que se agregan a las dificultades propias de una migración forzada, podrían surgir las siguientes preguntas: ¿cómo se sienten los jóvenes que acompañan a sus padres en el regreso a la Argentina? ¿Cómo resuelven las "limitaciones objetivas" que plantea el contexto socioeconómico, que no da respuestas favorables para satisfacer sus necesidades, con el engaño recurrente a cuestas, con las promesas de un mundo que no se condice con el real?

El Dr. Solari Irigoyen, diputado, ex-preso político y exilado durante la dictadura militar de 1976, y más tarde funcionario del gobierno del Dr. Alfonsín, declaraba en 1984: "el gobierno está estudiando medidas para ayudar a la reinserción de los emigrados políticos, tales como ayudas familiares para viviendas y recuperación de los puestos de trabajo en la administración pública de los que hayan sido expulsados durante el gobierno militar". Manifestó que se estaba analizando la situación de *los niños nacidos durante el exilio*, y que los jóvenes que debían haber cumplido con su servicio militar obligatorio durante la dictadura y no lo hubieran hecho por razones políticas, serían exceptuados de hacerla.[45]

OSEA[46]

En la etapa inmediatamente posterior a la última dictadura militar en Argentina la Oficina de Solidaridad para los exiliados argentinos (OSEA) nucleaba las acciones principales para el retorno de exiliados, ocupándose de trámites administrativos propios de una repatriación y también de aquellos que conciernen a la seguridad del retornante.

Fue la organización no-gubernamental más importante que se conformó como ámbito específico de resolución de los múltiples problemas del retorno. Constituida a instancia de un grupo de dirigentes de organismos de derechos humanos, desde 1983 hasta 1985, y organizada a instancia del COPEDE (Comisión permanente en defensa de la Educación), que fue el núcleo de esta Oficina, desde donde participaron entre otros, Emilio Fermín Mignone, Federico Westerkamp, Federico Álvarez Rojas y Jorge Jaroslavsky. Además, participaron, MDHD (Movimiento Ecuménico por los Derechos Humanos), el SERPAJ (Servicio de Paz y Justicia, el CELS (Centro de Estudios Legales y Sociales), Madres Línea Fundadora,

---

[45] Diario *Clarín*: 17/01/1984.
[46] Información suministrada por el profesor Jorge Jaroslasky.

FLACSO y el ACNUR, quien facilito los fondos para el desarrollo del programa de reinserción.

La tarea específica de la OSEA fue ayudar a los exiliados en el proceso de retorno, consiguiendo pasajes, dinero para el anticipo de alquileres, asesoramiento legal y algunos fondos, por plazos determinados, para la generación de pequeños emprendimientos de trabajo. Colaboraba en los trámites aduaneros, en la gestión de documentación y en la reinserción en el ámbito educativo de los hijos. Compraban medicamentos para aquellos que los necesitasen y no tenían forma de conseguirlos.

El trabajo era en equipo, constituido por tres abogados y tres empleados administrativos. Además, colaboraban los miembros de las diferentes organizaciones participantes.

Los abogados iban a tribunales a examinar la situación de los exiliados con el fin de regularizar su situación legal, haciendo además, un seguimiento de los prontuarios en las policías Federal y provinciales para cancelar los pedidos de captura.

El grupo que retornó y fue ayudado por el OSEA fue muy heterogéneo. Se llegó a ayudar a aproximadamente dos mil personas vinculadas al exilio.

CNREA

La repatriación de emigrantes forzosos fue, en general, selectiva. Con la apertura democrática, la Comisión Nacional para el retorno de argentinos en el exterior (CNREA) fue la instancia administrativa y gestora de medidas oficiales, pero en la práctica no asumió la función de ejecución directa de acciones de apoyo al retornado.

Hubo acciones gubernamentales que no generaban beneficios económicos, y que trataban temas como: pérdida de nacionalidad, nacionalización de los hijos, problemas de documentación, estudios.

Las que generaron un beneficio económico indirecto para los retornados fueron soluciones en los trámites aduaneros, vivienda y previsión social.

La mayor parte de los exiliados retornados regresaron a la Argentina sin apoyo especial alguno.

Situación jurídica en Argentina de los hijos de exiliados

El exilio de miles de argentinos y otros tantos latinoamericanos trajo aparejado el problema de la nacionalidad de sus hijos, cuestión crucial para el futuro de los mismos y de su inserción en el país de retorno. Esta problemática afectó tanto a los que nacieron en el exterior, como a aquéllos que lo hicieron en el país expulsor, donde, por cuestiones de seguridad, no fueron inscritos en su momento, saliendo del país en forma clandestina.

En Argentina la obtención de la nacionalidad y los derechos que de ello surgen son derivados del país en que se ha nacido, es decir, que rige el *ius soli*, lo que se considera como el derecho del suelo de origen. Sin embargo, en varios países de Europa que fueron receptores de importante cantidad de latinoamericanos exiliados rige el *ius sanguinis*, o sea el derecho de la sangre y, en tal caso, la nacionalidad y los derechos de una persona son derivados de los lazos familiares. Durante la época del exilio de argentinos se presentó el problema para muchos hijos de exiliados nacidos en países en los que rige el *ius sanguinis*. Esto significó que no podían ser inscriptos con la nacionalidad del país que albergaba a sus padres pero tampoco en el de origen de estos, ya que en Argentina, como se aclaró anteriormente, rige el *ius soli*. De esta manera, los que nacieron en el exterior en estas condiciones quedaron como apátridas. Es importante destacar que algunos países, como Suecia, frente a esta situación conflictiva y violatoria a los derechos humanos básicos del niño, hicieron excepción con su propia ley y otorgaron la nacionalidad de ese país.

Haciendo un recorrido histórico de la posición de Argentina frente a circunstancias de este tipo se observa que el 29 de octubre de 1964 se sancionó la Ley N° 16.569 –ampliatoria de la Ley N° 346–, y que mediante la misma se declara que los hijos de argentinos nacidos en el extranjero durante el exilio de sus padres son argentinos en absoluta igualdad jurídica con los nacidos en el territorio nacional. Paralelamente a esta ley, el 3 de diciembre de 1964 se implementó una amnistía para los hijos de argentinos nacidos en el exterior, los cuales podían optar por la nacionalidad argentina; facilitando de esta manera la inserción de los hijos retornados.

Tanto Argentina como el resto de América Latina tienen una larga historia de destierros, exilios y asilos políticos, y de la desolación que todo ello trae aparejado. A mediados de 1800 la cuestión del destierro por razones políticas fue contemplada en la legislación. Es así cómo en la década de 1860 se sancionó la ley N° 346, que explicita quienes son argentinos nativos y quienes naturalizados. De esta forma, la mencionada ley hace referencia a los argentinos nacidos en el exterior, considerando que cualquiera que sea la causa, estos hijos de argentinos nativos podrían considerarse de igual manera que sus padres. Pero la dictadura militar de 1976 derogó esa ley, volviendo a tener vigencia luego de la apertura democrática, en 1984, a través del Decreto N° 3213. De esta manera, son argentinos los hijos de argentinos nativos que, habiendo nacido en un país extranjero, optaren por la ciudadanía de origen de los padres.

Asimismo, es de considerar que el artículo N° 2 de la Ley N° 16.569, que afirma que los hijos de los argentinos, nacidos en el exterior durante el exilio político de los padres, podrían tener la nacionalidad sólo si hacen el trámite correspondiente ante las autoridades competentes en el plazo de un año de haber entrado al país o haber cumplido los 18 años de edad; de lo contrario, perdían dicho derecho y les quedaba solamente la opción de naturalizarse si así lo deseaban.

Esta cláusula, que continuó vigente hasta noviembre de 2000, constituyó un serio obstáculo para la integración de los hijos de exiliados a la sociedad de retorno. El plazo de un año se puede estimar muy acotado cuando estamos hablando de familias que están pasando por un proceso de adaptación y reasentamiento en su lugar de origen. También es importante tener en cuenta que muchos de los entrevistados dicen haberse sentido argentinos luego de varios años de instalados en el país. Lo que sí mencionan, tanto los abogados que llevan a cabo estos procesos de "argentinización", como los entrevistados, es que esta Ley no era de amplio conocimiento en la comunidad de exiliados-retornados, y que durante el primer tiempo de llegados al país, en general, no se cuestionaron sobre la nacionalidad propia (para el caso de los hijos retornados) ni la de sus hijos (para el caso de los exiliados). La cuestión se convirtió en un problema cuando comenzaron a sentir trabas legales para determinadas proyecciones de la propia vida.

El 13 de noviembre del 2000 a través de la Ley N° 25.327 se modificó el artículo 2 de la Ley N° 16.569. Se quitó el plazo de un año de caducidad. Esto beneficia a quienes, siendo hijos de argentinos nativos nacidos en el extranjero, quieran optar por la nacionalidad argentina.

Las observaciones que merece esto, o bien las lagunas que se presentan, consisten en que aquel al que antes de esta última ley se le venció el plazo de un año y que por ciertas razones necesitaba o quería la ciudadanía argentina y entonces la solicitó, o bien inició el trámite, perdió la posibilidad de considerarse argentino nativo; esta nueva ley contempla sólo aquellos que todavía no iniciaron ningún trámite y que continúan en la situación de extranjeros.

De igual manera, es oportuno mencionar que la difusión que ha tenido esta Ley es ínfima, lo que demuestra, una vez más, la débil consideración que se ha tenido con esta población.

En cuanto a la situación jurídica y el nivel de apoyo legislativo que han recibido los exiliados para su retorno es importante tener en cuenta el concepto y la idea de la Comisión de Exiliados Políticos (asociación civil sin fines de lucro) al respecto, ya que en su valiosa labor han contemplado los derechos de los hijos de exiliados. Esta Comisión, constituida en noviembre de 1998, destaca las Leyes de Reparación (24.043[47] y 24.411[48]) pero subraya, entre sus reclamos, que no se ha contemplado ninguna normativa legal reparadora.

Esta comisión elaboró un proyecto de Ley con el fin de reparar los daños ocasionados durante el exilio a aquellas personas que hayan estado exiliadas en el periodo entre el 6 de noviembre de 1974 y el 10 de diciembre de 1983. "El beneficio alcanza a los menores de edad, que en razón de la persecución de sus padres o de sus tutores legales, hubieren debido permanecer forzosamente fuera del país en el período indicado, hubieren nacido con anterioridad o en el exilio".[49]

A estos fines, consideran exiliado a toda persona que certifique su condición de asilado, emitida por autoridad competente de asilo; o condición y período como refugiado, de acuerdo con la Convención sobre el Estatuto de los Refugiados adoptada el 28 de julio de 1951; o bien, por el procedimiento de información sumaria declarativa aceptada por resolución judicial fundada del fuero federal. "El beneficio que establece la presente ley será igual a la treintava parte de la remuneración mensual de los agentes Nivel A de escalafón para el personal civil de la administración pública nacional, aprobado por el Decreto 993/91, por cada día que duró el exilio de cada beneficiario".[50]

"El pago del beneficio importa la renuncia de todo derecho por indemnización de daños y perjuicios en razón de exilio, y es excluyente de todo otro beneficio o indemnización por el mismo concepto. Asimismo, el beneficio otorgado por la presente ley es incompatible con el emergente de las leyes 24.043 y 25.192 por el período que se le liquidó estos beneficios, y con el otorgado a los ausentes por desaparición forzada y muertos por la ley 24.411[51], pero no a los causahabientes de estos últimos"[52] lo cual resulta de amplio beneficio para los hijos retornados.

---

[47] Ley Nº 24.043: Sancionada el 27 de noviembre de 1991. Publicada en el Boletín Oficial el 2 de enero de 1992. Se otorgan beneficios a las personas que hubieran sido puestas a disposición del P.E.N. durante la vigencia del estado de sitio, o siendo civiles hubiesen sufrido detención en virtud de actos emanados de tribunales militares.

[48] Ley Nº 25192: Sancionada el 3 de Noviembre de 1999. Publicada en el Boletín Oficial el 30 de Noviembre de 1999. Indemnización para causahabientes de caídos entre el 9 y 12 de junio de 1956.

[49] Proyecto de Ley (S-4526/04) Artículo 1°. www.cancillería.gov.ar/exiliados

[50] Proyecto de Ley (S-4526/04) Artículo 3°. www.cancillería.gov.ar/exiliados

[51] Ley 24411: Sancionada el 7 de diciembre de 1994. Publicada en el Boletín Oficial el 3 de enero de 1995. Sobre ausencia por desaparición forzada.

[52] Proyecto de Ley (S-4526/04) Artículo 7°. www.cancillería.gov.ar/exiliados

CAPÍTULO 3

Diferentes miradas de un mismo fenómeno

La observación del exilio y del retorno permite indagar sobre diferentes puntos de vista que intentan describirlos y explicarlos. La riqueza de las distintas interpretaciones, como el uso que hacen los medios de comunicación sobre este fenómeno, logran mostrar en que contexto se produjeron, tanto a nivel familiar como a nivel social, político, económico y cultural. Con este capítulo se intenta una aproximación a estas cuestiones, subrayando su incidencia en los hijos del exilio.

Formas de afirmación identitaria

La dinámica identitaria en el exilio se manifiesta a partir de las grandes orientaciones de valor que sitúan las acciones de los exiliados y sus familias, y a través de cómo se definen las formas de pertenencia con el otro.

Se construyó la identidad de los exiliados no sólo en respuesta a las necesidades cotidianas sino también en torno de un proyecto político de cambio social, donde se privilegiaban los valores de igualdad, solidaridad, participación y justicia social. Era un exilio de militantes, de cuyo seno surgieron asociaciones solidarias de exiliados y coordinadores en los principales países de acogida.

Este núcleo se mantuvo hasta el retorno de la democracia en sus respectivos países de origen. Pasarían de una imagen de refugiados, víctimas de regímenes dictatoriales, a la de ser una minoría extranjera más en la sociedad de acogida.

Estos cambios producen nuevas formas de afirmación identitaria. Algunas de ellas serían las siguientes:

- *Identidad étnica minoritaria.* Se da importancia a la valorización de las raíces y a la no asimilación con los modos de vida dominantes de las sociedades de residencia. Mantener lo latinoamericano y transmitirlo a las próximas generaciones.

- *Humanismo alternativo.* Tendencia que apunta al rescate de los valores que compartían muchos exiliados en sus países de origen, pero adaptándolos a las condiciones de las sociedades de residencia (valores de solidaridad, participación social y defensa de los derechos humanos). Es más importante la identificación a valores alternativos que a los valores dominantes de ambas sociedades.

Esta forma de identificación es transnacional pues se trata de modos de vivir que cuestionan las formas dominantes de organización de la vida social, cualquiera que sea el lugar donde se reside. Sería, entonces, una forma de asociar compromiso político y los distintos ámbitos de la vida cotidiana. Los sujetos participan de distintos movimientos sociales referidos a: ecología, xenofobia, feminismo, democracia local, derecho de asilo, lucha contra la discriminación racial, etcétera.

A partir de lo recién expuesto, esta continuidad con el pasado a través de la afirmación de valores cuya defensa significó tener que partir al exilio, se nos presenta el siguiente interrogante:

¿La continuidad de estos valores alternativos para con los hijos de los exiliados o segunda generación y su aceptación por parte de éstos, no cimentarían las bases para un contra-discurso hegemónico?

O bien, los lazos con el país de origen y con los valores que llevaron al exilio a los exiliados, se debilitan. Esta tendencia de individualismo adaptativo privilegia los proyectos personales, ya sea en el ámbito profesional o familiar, y deja de lado la participación social como principio organizador de la existencia. Hay una ruptura con la identidad de exiliado.

Esta adaptación a las tendencias dominantes de las sociedades europeas y, en un futuro si hay retorno, a las sociedades latinoamericanas, mostraría la ruptura de la idea de inicio de la conformación de un discurso contra-hegemónico.

Otra forma identitaria se apoyaría en la tendencia a la *mediación cultural,* donde se busca una comunicación constante con los europeos, norteamericanos, u otras nacionalidades de recepción, salvo las latinoamericanas, para valorizar la pertenencia a la sociedad. Se intenta la promoción de nuevas síntesis o una combinatoria creativa de diversos elementos culturales.

Algunas de estas tipologías podrían coexistir en una misma persona o asociación.

Cuando el exilio se produjo en algún país de América Latina, la proximidad cultural, nos permite suponer que se produce una mayor identificación y por lo tanto la integración a esa sociedad se daría con un mayor grado de pertenencia

Claudio Bolzman identifica de mayor manera los sectores populares de la primera generación con la tendencia a la identidad étnica. En cambio, identifica las segundas generaciones, o hijos de exiliados, y los sectores conformados por los estratos medios y superiores, con mayor frecuencia a la tendencia marcada por el individualismo adaptativo.

Nos centraremos, no tanto en si la mayoría de los hijos/as de exiliados en las distintas sociedades receptoras tendieron hacia este tipo de individualismo y, por lo tanto, a la homogenización, pero como excluidos ("sudacas"), sino en la tendencia predominante o en qué proporción de los hijos/as de exiliados retornados al país, que intentaremos corroborar, se identifican con una nueva forma identitaria, preservada primero por los militantes exiliados políticos en la Argentina, luego en las sociedades de residencia y, por último, por los hijos en las sociedades de residencia y sobre todo en la sociedad Argentina.

Según Luke Hardy:

Para los niños y adolescentes la adaptación cultural puede ser como una aventura que encaja perfectamente con la tendencia de la juventud de todas las comunidades a cuestionar los valores tradicionales." Y continúa, "Además los jóvenes refugiados deliberadamente tienden a desechar aspectos de la cultura de sus padres, lo cual produce tensiones inevitables entre viejos y jóvenes.[53]

Por lo tanto, los hijos de exiliados retornados, serían exiliados de la sociedad Argentina como sus padres, y su oposición al sistema y discurso hegemónico encajaría, no sólo con la continuidad de valores alternativos como nueva forma de existencia, sino como cuestionamiento a los valores tradicionales propios de la juventud.

Otra postura sería la de refutar la interpretación anterior tomando el ejemplo de continuidad de formas identitarias ante otras formas hegemónicas, para desechar, en nuestro caso de estudio, la implicancia determinante de "la tendencia de la juventud de todas las comunidades a cuestionar los valores tradicionales".

---

[53] Hardy, L.: "Valores relativos", en "Nuevos roles y relaciones: la familia en el exilio", Revista Refugiados, Nº 58, Ginebra 1989, pág. 35.

Migración forzada

A lo largo de la historia los individuos se han ido desplazando de su lugar de residencia por diversas causas. Algunas pueden ser producto de la cultura y hábitos, como la de los pueblos nómades, otras, la mayoría de las veces, sucede como consecuencia de una necesidad. Esta necesidad puede ser producto de carencias económicas o problemas de índole cultural, religioso, político o ideológico, entre otras causas.

Si bien el debate sobre la voluntad en el hecho migratorio es amplio, ya que lo que diferencia entre migración voluntaria y forzada es la toma de decisión de la partida, éste es un tema que no se tratará en esta ocasión. Sin embargo, vale destacar que consideramos que la decisión es casi siempre consecuencia de acontecimientos externos, por lo cual, el individuo se encuentra forzado a tomar tal decisión. "Hay un acto en el cual se toma la decisión migratoria, pero es decisión obligada por diferentes razones, lo cual implica que lo hace en última instancia contra su voluntad."[54]

Las migraciones forzadas pueden ser el resultado de una coacción directa o indirecta. La coacción directa es "cuando la persona es trasladada físicamente en contra de su voluntad",[55] como sucedió con el caso de algunos presos políticos, que fueron expulsados del país durante la dictadura militar, o de migrantes latinoamericanos que fueron deportados desde Argentina.

Las migraciones que se producen por coacción indirecta resultan más complejas al momento de abarcar su comprensión, porque la misma es imprecisa y, hasta para algunas personas, difícil de visualizar la coacción que impulsó a alguien a migrar. En estas ocasiones, está presente el miedo a perder la vida, la libertad, o bien a encontrarse limitados en su forma de vida laboral, social, política y cultural. En este caso, también se encuentran los exiliados, aquéllos que, si bien no fueron expulsados directamente, se encontraron bajo una amenaza o una limitación.

Entonces, el exilio, haya sido por coacción directa o indirecta, es una migración forzada; los exiliados encuentran avasallada su voluntariedad, y la decisión forma parte de una situación de supervivencia para sí y/o su familia o seres queridos. El retorno también constituye una migración forzada, aunque haya sido deseado desde el momento mismo de la partida. Para los hijos de exiliados es siempre una migración forzada, ya que la voluntad no forma parte de la decisión.

---

[54] Mármora L.: Op. Cit. 1997. Pág. 95.
[55] Mármora, L.: Op. Cit. 1997 Pág. 95.

El exilio, históricamente, es una categoría política utilizada para definir la causa específica de la migración forzada, de índole política y/o ideológica. Las migraciones forzadas y los alcances de protección han sido tema de debate en la comunidad internacional desde la primera guerra mundial, pero tomó relevancia después de la Alemania nazi. Fue entonces cuando los derechos de las personas desplazadas contra su voluntad empiezan a enmarcarse dentro del Derecho Internacional Público.

El Derecho Internacional Público abarca a los *Derechos Humanos*, al *Derecho Humanitario* y al *Derecho de los Refugiados,* los cuales se complementan entre sí, interactuando e intentando contemplar la protección de todo ser humano. El término refugiado, de acuerdo a lo estipulado por la Convención de la Naciones Unidas sobre el Estatuto de los Refugiados, se define contemplando los derechos y deberes de los refugiados. De esta manera, se considera refugiado a la persona que, "debido a fundados temores de ser perseguida por motivos de raza, religión, nacionalidad, pertenencia a determinado grupo social u opiniones políticas, se encuentre fuera del país de su nacionalidad y no pueda o, a causa de dichos temores, no quiera acogerse a la protección de tal país; o que, careciendo de nacionalidad y hallándose, a consecuencia de tales acontecimientos, fuera del país donde antes tuviera su residencia habitual, no pueda o, a causa de dichos temores, no quiera regresar a él".[56]

Sin embargo, en América Latina, se remonta a épocas anteriores la regulación de la protección de personas que deben cruzar las fronteras por cuestiones de persecución política, y la práctica de esta acción es aún más antigua. La figura del asilado se incorporó en la legislación de la región a principios del siglo XIX, e inclusive, la práctica misma de otorgar protección por parte de los Estados, fue preexistente a las convenciones interamericanas.

Esta figura fue resultado de las problemáticas específicamente políticas del continente.

En este sentido, vale destacar que, el Derecho Internacional de los Refugiados, no es una cuestión solamente del sistema universal, sino que, junto al sistema americano, confluyen en una definición más amplia al momento de precisar estos derechos.

En América Latina, existen normativas internacionales referidas a la protección de personas que buscan amparo en otro país por estar perseguidas. Entonces, el conjunto de las Convenciones Interamericanas sobre

---

[56] Estatuto de la Oficina del Alto Comisionado de las Naciones Unidas para los Refugiados. Adoptado por la Asamblea General en su resolución 428 (V), de 14 de diciembre de 1950.

Asilo Diplomático y Territorial[57] y el Sistema de Protección Internacional de los Refugiados, conforman el Derecho Internacional de los Refugiados vigente en la región. Ambos sistemas constituyen un todo en materia de protección internacional hacia los refugiados, de esta manera, las personas afectadas por circunstancias que las obligan a migrar suman derechos, los que se complementan con los instrumentos de Derechos Humanos en los cuales se reconoce el derecho al asilo.[58]

El otorgamiento de la categoría de asilo es una acción que sólo puede llevar a cabo el Estado, al cual el migrante le solicita la protección. La protección es válida mientras el migrante se encuentre en el territorio que le brindó la protección bajo el status de asilado. De esta manera, como es una facultad competente del Estado, el mismo puede rechazar brindar la protección. Sin embargo, lo que sobresale de esta facultad es que está amparada por las Convenciones Interamericanas sobre el tratamiento del "derecho de asilo", lo que previene cualquier conflicto diplomático entre estados, ante la decisión de uno de ellos de proteger a determinada persona de otro Estado. En el mismo momento que determinado Estado del continente latinoamericano decide brindar protección asume la responsabilidad de proteger los derechos humanos básicos y el derecho de *non refoulement*.

Asimismo:

La persistente consagración al tema del asilo no es reveladora de una excesiva generosidad de los gobiernos. Al contrario, esta tradición latinoamericana está impregnada por una resistencia a otorgar el asilo ampliamente. Se puede afirmar que la mayor parte de las conferencias fueron convocadas para resolver problemas originados en discrepancias sobre la aplicación del asilo; y que las convenciones fueron concebidas para restringir una práctica de los gobiernos, más que para consagrarla, (o mejor dicho, para restringirla por la vía de consagrarla positivamente).[59]

Ahora bien, luego de haber revisado rápidamente los conceptos que conciernen al presente trabajo, la pregunta gira en cuáles fueron las con-

---

[57] Se entiende por asilo territorial a la protección que brinda el Estado a una persona determinada fuera de su país de origen, y asilo diplomático al otorgado en el mismo país de origen aunque dentro de una legación diplomática.

[58] González, E.: "Los Refugiados en el Cono Sur durante los Regímenes Autoritarios" .Tesis de Maestría en Políticas Migratorias Internacionales – UBA. 2003 (inédito).

[59] Esponda Fernández, J.: La tradición latinoamericana de asilo y la protección internacional de los refugiados, Santiago de Chile, Octubre de 2001. Este documento forma parte de la Investigación "El asilo y la protección internacional de los refugiados en América Latina", UNLa (Universidad de Lanús) (aún no publicada).

diciones en las que se exiliaron, cuáles fueron las categorías jurídicas en los países de recepción, y cuáles a su retorno.

La primera diferencia que es necesario tener en cuenta es que la categoría de refugiado, al tener un carácter subjetivo (por la implicancia del temor como causa para la migración), suele ser masivo; en cambio, la categoría de asilado exige un motivo explícito y de amplio conocimiento, por eso en la tradición americana se otorga a una persona que, tanto su actividad como las causas por las que busca protección son conocidas.

Los exiliados argentinos durante la dictadura militar y los años inmediatamente anteriores a la misma emigraron bajo las siguientes circunstancias jurídicas:

- Los que fueron a Europa:

  - Estuvieron en su gran mayoría bajo la condición de refugiados

  - Otros provenían genealógicamente de familias europeas emigradas a América Latina en otros tiempos.

- Los que se dirigieron a un país de América Latina:

  - Estuvieron con la condición de refugiados según el Estatuto de Naciones Unidas.

  - Otros bajo el mandato del ACNUR, porque el país al que arribaron había adherido al Estatuto con la reserva geográfica.

  - Unos pocos como asilados territoriales

- Los que se refugiaron en una embajada en el mismo país:

  - Obtuvieron el Asilo Diplomático. En este caso tuvieron que esperar el salvoconducto emitido por las autoridades nacionales.

Sin embargo, tal como se aclaró anteriormente, el término exiliado hace referencia a cuestiones políticas y/o ideológicas; entonces, muchos de los exiliados migraron y no solicitaron protección internacional, sino que llegaron al país de destino y se insertaron como migrantes económicos, aunque otros, muy pocos, prefirieron permanecer en la clandestinidad.

La situación de retorno implicó, tanto el fin de la condición jurídica con la que se habían exiliado, como de la situación de la clandestinidad. En el retorno el problema jurídico y social (por ejemplo reconocimiento de estudios) surgió para aquellos hijos de exiliados que habían nacido en el exterior.[60]

---

[60] Para mayor aclaración, ver el apartado en donde se explaya sobre el marco legal de esta población.

Una mirada desde los medios de comunicación

Para este análisis es importante examinar los discursos que prevalecieron en torno a los exiliados durante la dictadura. Los artículos que aparecían al respecto se referían especialmente a personas de conocimiento público por su trayectoria política, a los que el régimen militar y sus aliados no dudaban en denominar subversivos y/o delincuentes.

Asimismo, en esta ocasión se puede destacar que, al mencionar los pedidos de asilo de estos o de los familiares de los mencionados (ejemplo: Casildo Herreras, ex secretario general de la CGT; Hugo Vaca Narvaja; Santucho, etc.), se utilizan términos como "los hijos de los delincuentes". Igualmente se hace alusión a supuestos auto secuestros como una vía para pedir asilo.

Los diarios de la época no mencionan a los exiliados ni a las emigraciones como un factor de importancia del momento. Pero con relación a la temática estudiada resulta oportuno considerar los artículos que hacen mención a la expulsión de chilenos, ya que los categorizan de peligrosos para la sociedad. Así también destacan aquellas notas que mencionan la libertad de presos políticos que tienen opción de salir del país. En esta línea de expresión, los exiliados eran tildados como seres "no servibles" a la sociedad.

Al realizar una lectura de los diarios se puede observar que el tema del exilio y de los retornados cobra distinta importancia a partir de las elecciones de 1983. Antes de esa fecha, las notas figuraban en la sección de "opinión general" y luego en la sección sobre "política". Así, se observa muy poco acento en las causas políticas de la emigración y las necesidades de apoyo al retornado, apareciendo sólo la preocupación de librar explícitamente a algunos de ellos de la sospecha de ser subversivos.[61]

Todos los autores señalan una dicotomía presente en la sociedad con respecto al exilio: los **que se quedaron, los que se fueron.** Esta división también se encuentra en los diarios de la época, tanto en los artículos publicados durante la dictadura como en los publicados luego de ella. Esta polémica se hace muy fuerte, y al leer las notas periodísticas se puede visualizar distintas críticas al exilio:

- *Los que acusan a los exiliados de heroizar el exilio, porque le dan un matiz de sufrimiento.* En 1979 en Mérida, Venezuela, se realizó el "Congreso del exilio", al que asistió, entre otros, Cortázar. Brocato nos dice

---

[61] Marmora; Gurrieri: Op. Cit. Pág. 473.

que se habló del exilio dándole un carácter de sufrimiento y he-
roizándolo[62] (cabe destacar que este autor no aprueba la idea de
que el exilio político de los argentinos haya sido una instancia de
sufrimiento, aunque a lo largo de su libro no queda exactamente
clara cual es su postura)

- Los que dicen que los exiliados acusan a los que se quedaron como
  cómplices de la dictadura.

- *Los que acusan a los exiliados de estar en el exterior organizando la campaña contra el país.* Martha Lynch, narradora argentina que participó
  del comité de la UCR que apoyó a Frondizi 58/62 para presidente,
  hace declaraciones heroizando a los que se quedaron y acusando a
  los que se fueron de ventilar cuestiones internas y nacionales en el
  exterior. Escribe en Clarín: El 29 de junio de 1978 se publica "Este
  es mi país"; el 2 de febrero de 1978 "Y ahora, ¡viva la patria!; el 2
  de agosto de 1979, también en el diario Clarín, aparece un artículo titulado "Este duro oficio de ser argentino" separando fuerte-
  mente entre los que se quedaron y los que se fueron, en los que
  hacen patria y los que perjudican a la patria.

- *Los que acusan a los exiliados de extranjerizantes.* Se encuentran afuera
  porque en realidad están más cómodos en las sociedades europeas, ya que si no acuerdan con el gobierno militar tienen la posibilidad de realizar un "exilio interno" (categoría inexistente por la
  propia definición de exilio). Esta postura es a la que más se acer-
  caría a la de Brocato.

- *Los que opinan que el exilio es un privilegio.* Como Rodolfo Terragno,
  que a pesar de que él estuvo exiliado en Venezuela, publicó en el
  Diario de Caracas (que él dirigía) un artículo que denominó "El
  privilegio del exilio", al cual muchos exiliados políticos le contestaron indignados, como Osvaldo Bayer que en ese momento se
  encontraba en Alemania.

Discurso político hegemónico

La situación de resquebrajamiento de las representaciones imaginarias se puede manifestar en la oposición entre un discurso que sacraliza
lo externo (pasado familiar), y otro que exalta la posibilidad de logro
dentro del ámbito nacional. Esta situación llevaría al sujeto a definirse

---

[62] Brocato, C. A: "Los Mitos y los Héroes argentinos". Sudamericana- Planeta, 1986 Pág. 77,

por una u otra posibilidad, reemplazando una fantasía, producto de la frustración por no haber alcanzado el logro, por una nueva fantasía que le permitirá sostener la creencia de llegar a sus objetivos a partir de algo diferente (Aruj, 2004).

Tanto una situación como la otra no dejan al sujeto libre de la alienación, la cual se mantiene en la medida en que el medio social le es hostil. No puede decidir sobre él, no depende de él, ni le pertenece (Marx, 1970).

La alienación sólo puede desaparecer con una intensa y manifiesta profundización del resquebrajamiento, lo cual le permitirá al sujeto una ruptura interior con los patrones que lo condicionan, produciéndose una toma de conciencia de la necesidad de asumir los problemas del presente (y no evadirlos con la posibilidad migratoria) y así construir una alternativa autónoma e independiente (Aruj, 2004).

Concretamente, las fantasías del discurso político hegemónico vigente, que oculta la falta de futuro para los jóvenes profesionales, se agotan producto de las frustraciones. Además, entran en contradicción con las fantasías del discurso familiar tradicional, que exalta lo externo como lugar de desarrollo y éxito, impulsándolo hacia la emigración, sin conciencia de esa situación conflictiva.

La función de este imaginario es actuar sobre los símbolos, seleccionando los más eficaces y apropiados a las circunstancias de la sociedad. Para que las instituciones y el poder se inscriban en la subjetividad de los hombres. Para hacer que los conscientes y los inconscientes de los hombres se pongan en fila. Interpelando sus emociones, la voluntad y los deseos (Mari, 1987).

Si lo que se produjese fuera una reversión de ese imaginario, el sujeto entraría en una radicalización en contra de los valores que lo sustentan y estaría en condiciones de generar una alternativa que suplante o modifique el sistema que lo condiciona. La excepción es la persecución política a la que pueden someter a aquéllos que se levantan en contra del sistema, lo cual convertiría a estos sujetos también en emigrantes, pero de otra categoría.

En este trabajo, el interés se centra en aquellos sujetos que trasladan su percepción de las representaciones y encuentran en la emigración la salida más eficaz frente a la emergencia, buscando en otros lugares, nuevos contenidos para detener la angustia que produce el resquebrajamiento.

Este proceso migratorio tiene dos momentos que surgen del análisis sobre sus causas:

1) Causas inmediatas (económicas, políticas, culturales, religiosas, étnicas) que nosotros definimos como expresiones causales. Plan-

teamos una visión alternativa a la bibliografía clásica sobre migraciones (con la que vamos a debatir en torno a este problema), la cual las propone como causas de los movimientos migratorios.

2) Causas mediatas, que darían cuenta de la profunda razón de la emigración. Serían las relacionadas con la mirada de los sujetos en función de las expectativas que los migrantes tienen para sí; condicionadas por los elementos que conforman sus representaciones imaginarias.

La emigración será entonces, la posibilidad de mantenerse aparentemente entero, con la idea de que el nuevo país le permitirá encontrarse con aquellas cosas que le faltan en su país de origen. Pero el conflicto no desaparecerá, se marchará con él, y no podrá evitar que, en algún momento, vuelva a surgir por necesidades insatisfechas, a menudo de otro tipo, que se abran en el país de destino.

Si tenemos en cuenta que son factores internos de la estructura psíquica del sujeto, con relación a los condicionamientos socioculturales del sistema hegemónico, los que determinan la causalidad sobre los movimientos migratorios, podríamos pensar que el resquebrajamiento del equilibrio de las representaciones imaginarias a partir de la percepción del agotamiento de las fantasías del discurso político hegemónico permite la recuperación de las fantasías del discurso familiar tradicional (herencia de una cultura migratoria), produciendo la decisión de emigrar (Aruj, 2004).

Cuando analizamos el exilio en torno a la situación del sujeto, nos encontramos con una variación de esta percepción general sobre la decisión de migrar, ya que en estos casos las alternativas están "sujetas" ya no solamente a una decisión individual sino a la presión que ejerce el medio, a la violencia que se produce a partir de la persecución política y al riesgo de desaparición y muerte a la que se ve sometido aquel que termina exiliándose.

Ante esta diferencia en torno a las migraciones en general y el exilio en particular, cabe preguntarse como influye el resquebrajamiento de las representaciones imaginarias socioculturales en estos sujetos exiliados y como asumen la nueva situación a la que deben someterse una vez que han llegado al país de destino. Además, sería conveniente agregar como pregunta qué fue lo que pasó con los que se quedaron, asumiendo los riesgos que ello implicaba y ocultándose de la persecución a la que estaban sometidos.

Orientando las opiniones de los sujetos sociales

Los mensajes orientadores de opinión que contribuyen a formar la mentalidad, a partir de la ideología dominante o hegemónica de los sectores mayoritarios de la sociedad respecto del funcionamiento social, afectan a casi todos los grupos de la misma, incluso a aquellos que investigan sobre temas sociales.

Son los medios de comunicación los que se encargan de introyectar, en el imaginario sociocultural aquellas cosas que terminan siendo aceptadas y consensuadas en general como reales, aunque en muchas ocasiones sean nada más que ilusiones o grandes falsedades (Aruj, 2004).

La tercera hipótesis planteada por Susana Neuhaus en su trabajo "Reflexiones sobre Autoritarismo" es pertinente para sintetizar lo expuesto:

> Este estado de cosas se sostiene con el <u>consumo general</u> que acepta la ficción de democracia (la formalidad democrática que oculta la desigualdad y el carácter autoritario del poder real) <u>consenso inducido</u> a través de una penetración ideológica que hace mantener una <u>ilusión</u> al ciudadano común (Neuhaus, 1986).

El discurso hegemónico niega la realidad, fantasea con el desarrollo, falsea con la apertura (ya que no es para todos), y le muestra al mundo una imagen del país muy diferente a la realidad.

> La presencia de los medios de comunicación en la construcción de las representaciones sociales es fundamental, sobre todo, si tenemos en cuenta que cubren un tema en la medida que pueda generar noticias atractivas por su contenido "dramático y novedoso".[63]

Estas prácticas, comunes en los medios de comunicación, no deberían resultar asombrosas, pero la manipulación que se hace de la información, y en algunos casos el ocultamiento, debe llamar a la reflexión para pensar cómo la opinión de la sociedad puede tener acceso al conocimiento de éstas y otras situaciones conflictivas que, aunque parezcan superadas o por lo menos lo muestren así, siguen latentes, ya que no se han resuelto las causas reales que las generan.

Lo que ha permitido que este sistema siga funcionando en la cotidianeidad, fue la construcción de una serie de representaciones que introyectan en los sujetos un imaginario socio cultural que los condiciona. De tal manera se produce esa influencia que los hace operar con el sentido común como valuarte de un conocimiento vago y fragmentado, sin con-

---

[63] Aruj, R.: Por que se van. Exclusión, frustración y migraciones. Prometeo libros. Buenos Aires, 2004.

sistencia, acrítico y superficial. Estas representaciones, manipuladas por los mensajes mediáticos, dirigen las conciencias por caminos que generan el "consenso rutinario", trazados por la tecnocracia que sirve a los fines de la elite dominante (Aruj, 2004).

El imaginario social instituye significaciones para cohesionar a los sujetos sociales, guiando las subjetividades para construir realidades y crear de esta manera personalidades dependientes y sumisas, seguidoras del proyecto impuesto, quienes desempeñarán papeles que pertenecen al guión escrito por otros, dejándose llevar por los acontecimientos.

En esta situación la actividad individualista supera cualquier posibilidad de construcción colectiva, manifestándose, a través de la ruptura con el otro, el narcisismo y la vinculación enajenante con el medio, entre otras cosas.[64]

Como lo plantea Blas de Santos[65]:

La incertidumbre por el porvenir rechaza la conexión con todo proyecto que desborde la certeza en la salida por la propia iniciativa y la desconfianza en los proyectos colectivos. Estos últimos han quedado asimilados traumáticamente al fracaso de las economías populistas y a la despiadada represalia que desencadenó el paso a la acción directa, cuando grandes masas creyeron que había llegado el momento de tomar el problema en sus manos, sin esperar soluciones de quienes no los padecieran.

Hoy como ayer, las soluciones difícilmente dependan de algunas acciones políticas. Los conflictos que no se resuelven y que tienden a expulsar población desde América Latina hacia los países del "Primer Mundo", responden fundamentalmente al modelo. El fin último es que los excluidos "no molesten", que los que piensan diferente no molesten, que todos aquellos que no se adecuen al proyecto de los grupos dominantes, no molesten. Entonces, las fantasías asociadas a la migración terminan siendo funcionales a los objetivos del proyecto del modelo que nos domina. Esto, sin duda, es Hegemonía.

El impacto en los hijos de la derrota de los ideales de sus padres

Diferentes grupos de argentinos se fueron del país con su historia, con su cultura, con sus ideas políticas y con los conocimientos adquiri-

---

[64] Aruj, R.: Op. Cit.
[65] Blas de Santos: "El lazo que libere". Revista de Psicología y psicoterapia de grupo N° 2. Buenos Aires. 1995. Pág. 38.

dos para su desarrollo laboral y, en muchos casos, profesional. Pero, fundamentalmente, se fueron con los temores que les provocaron las diferentes pérdidas, tanto afectivas y emocionales como materiales. Sin duda, el exilio fue, casi siempre, la posibilidad de la vida, cuando en el país la tortura, la desaparición y la muerte estaban a la orden del día. Al mismo tiempo, esta situación despertó una sensación de derrota de los proyectos políticos en los que habían apostado estos sujetos sociales. Existía, además, la mirada de una sociedad que, en muchos casos, desconfiaba y tildaba a todos los que se marchaban por cuestiones político-ideológicas como personas que por *"algo será" que son perseguidos y se tienen que ir*. El tiempo pasó y con el retorno, la sociedad, que los había observado como agentes de una ideología foránea y contrapuesta a los valores tradicionales de una Argentina en donde no cabía una transformación como la planteada por estos sujetos del cambio, los recibió, en muchos casos, con recelo, o sin tenerlos en cuenta, incluso ignorando su historia y su presente de reincorporación.

Es importante destacar que las conductas desatadas por los exiliados generaron un silencio y una paralización que les impidió dirimir reflexivamente las causas de esa derrota. Incluso llegando a modificar las experiencias de vida que le dieron sentido a su participación individual y colectiva en ese proyecto que planteaba una transformación del sistema en el que vivían. El exilio fue la salida de ese proceso inconcluso, que debía finalizar para evitar mayores conflictos, y el lugar de destino un nuevo espacio para recomenzar.

Cuando se recuerda surgen conflictos, desavenencias, identificaciones, rechazos, bloqueos intencionales. Lo emocional frente a lo ideológico genera grandes contradicciones. El silencio, el dolor y las versiones falaces que dejó la dictadura provocan una serie de sensaciones que deben ser reprimidas, para evitar que la angustia provoque mayores conflictos personales.

La memoria sobre los tiempos de lucha debe ser ocultada, porque ese espacio recrea acciones que no lograron cumplir sus cometidos y que depararon, para muchos, la desaparición, y para los exiliados dejar todo para salvar la vida.

Corrieron el riesgo de que sus representaciones, "fluyendo en el tiempo sin anclar verticalmente en ninguna instancia a salvo de éste, no permaneciesen ligadas horizontalmente entre sí. Se borraran y se perdieran en una siniestra anticipación de la desaparición física de cada uno. En este escenario en que, abandonada a sí, la identidad personal corre peligro de des-hacerse y desaparecer, entra en escena la gran protagonista del drama: la conciencia. Lo que en última instancia constituye la identidad personal es la conciencia actual, de un vínculo de continuidad entre diversos eventos mentales, recuperados por la memoria e incorporados a un flujo sensato de momentos sucesivos"[66], que les recordaban que sus proyectos ideológicos fueron reprimidos por una fuerza contundente que los obligó a retirarse antes que perecer.

La derrota sobre los ideales construidos por estos sujetos sociales y políticos de una Argentina pasada actúa como efecto condicionante de la familia exiliada. Influye sobre su vida pasada y presente, y sobre la sociedad, que los vuelve a observar, con miradas diferentes, que en algunos casos provocan hasta cierto grado de discriminación. Sobre todo hacia los hijos del exilio, quienes son los más vulnerables a la hora de enfrentar esta nueva situación que se da con el retorno al país de sus padres.

Como lo venimos analizando, estos jóvenes, que intentan integrarse en una sociedad que no les pertenece directamente y que han heredado, sienten que la derrota que pesa sobre su familia también los ha influido, y los marca con ciertas características que deben ocultar para evitar dar explicaciones sobre su historia particular. Sobre todo, cuando viven en una sociedad en dónde se combina lo autoritario y lo democrático, y los niveles de integración se presentan con esta dualidad contradictoria.

La construcción de espacios de socialización y relaciones humanas en los países de acogida, se establecieron sin hacer demasiadas menciones a lo que pasó en el país de expulsión. De algunas cosas "no se habla". ¿Se intentaba proteger a los hijos?, ¿se intentaba no recordar las frustraciones?, ¿se intentaba no asumir la derrota? Sea cual fuese la respuesta, el retorno no mejoró las percepciones. Aunque en muchos casos se retomó, con el tiempo, la militancia política, recreando nuevas posibilidades a partir del enjuiciamiento de algunos de los que participaron de la represión de Estado. ¿Y los hijos? Algunos de ellos también se fueron acoplando a esta nueva situación. Otros regresaron al país que los cobijó o en el cual nacieron. Y otros tantos siguen intentando encontrar respuestas acerca de su vida, y un camino por el cual transitar en esta Argentina actual. De todas maneras, desde la llegada o el retorno han pasado muchos años y nuevos interrogantes y nuevas respuestas se visualizan sobre lo que les

---

[66] Bodei, R.; Destinos personales. La era de la colonización de las conciencias. Edit. El Cuervo de Plata. Buenos Aires, 2006, pag. 7.

pasó a los hijos y a su familia. La búsqueda, seguramente, no ha finalizado y hoy, a treinta años del último golpe de Estado militar, los hijos del retorno probablemente sigan reflexionando en torno a la derrota sufrida por sus padres.

CAPÍTULO 4

Los hijos del exilio y del retorno

Ser hijos del exilio de padres que decidieron, por múltiples circunstancias, escapar del Terrorismo de Estado, es una carga difícil de llevar. Ser hijos del retorno es más difícil aún, sobre todo si los hijos que retornan con sus padres no nacieron en el país del cual aquellos se tuvieron que exiliar. En ambas situaciones no hubo decisión propia, fueron los padres, o el padre o la madre, los que asumieron la responsabilidad de trasladar a sus hijos, primero hacia un país que los recepcionara, en donde adaptarse e intentar integrarse, y luego, una vez que las condiciones lo permitían, retornar al país de origen de sus padres y en algunos casos de los hijos por nacimiento. Se debe tener en cuenta que en muchos casos, cuando los padres decidieron el retorno, se dirigían a un país del cual le hablaron, les contaron algunas cosas, pero que para los niños o adolescentes no dejaba de ser desconocido.

El exilio y el retorno en cifras

Obtener una cifra exacta de la cantidad de personas que emigraron durante la dictadura militar, e inclusive antes, presenta diversas dificultades. Algunas están relacionadas a cuestiones metodológicas y otras a cuestiones políticas.

No hay criterios unificados para definir las categorías migratorias y generalmente se omiten algunas de ellas. Esto se acentúa más cuando se trata de emigración, puesto que la tendencia es registrar más las entradas que las salidas.[67] La mirada de las autoridades migratorias está puesta,

---

[67] Giusti, A.: "Argentina: las fuentes de datos sobre migración internacional, alcances y limitaciones de su uso". Conferencia sobre medición de la migración internacional en América Latina. Proyecto de Migración Hemisférica. Universidad de Georgetown. Organización Internacional para la Migración. Bogotá. 21 al 23 de octubre de 1993.

principalmente, en los extranjeros que residen en el país debido a que las políticas de Seguridad Nacional, en muchas ocasiones, se fusionan con las Políticas Migratorias. Cuestión que resulta un obstáculo, y que se da a nivel universal, en materia de medición de los desplazamientos de personas en alta escala y se enfatiza cuando las políticas públicas no responden a planificaciones de índole humanitaria. En la Dirección Nacional de Migraciones se interrumpió el registro de entradas y salidas de personas entre los años 1977 y 1981.

De todas maneras, distintos autores se han dedicado a analizar diversas fuentes para llegar a una cifra de las personas emigradas a partir de la década de 1970. Las fuentes consultadas fueron diferentes censos nacionales, los registros existentes de entradas y salidas y los censos de población de países extranjeros.

Si bien a partir de 1976 el proceso emigratorio argentino se aceleró a causa de factores tanto políticos como económicos,[68] teniendo en cuenta la situación política del país se pueden tomar como referencia los años 1970-1985, periodo en el cual se calcula que emigró de Argentina entre 0,98 por ciento y 1,3 por ciento de la población total.[69] Otras fuentes aseveran que es posible estimar que medio millón de argentinos emigraron forzosamente,[70] aunque más de la mitad lo hizo durante esos años. Cifras que justifican la necesidad de formular políticas de recuperación de emigrados.

Con respecto al retorno de expatriados, las dificultades para la medición continúan. Si bien a partir de 1982 la Dirección Nacional de Migraciones cuenta con las memorias de la misma, en donde se encuentran registradas las entradas y salidas de nacionales y extranjeros, éstas no son suficientes para medir la magnitud de la población retornada, máxime si se tiene en cuenta que luego de la apertura democrática también fueron años en que la emigración de argentinos tuvo un impacto importante, en este caso, mayormente fue por razones económicas.

Con respecto a las posibilidades de retorno, éstas estarían directamente relacionadas con el tipo de gobierno que conduce la sociedad de origen. En la Argentina, comienza a producirse este fenómeno con el gobierno democrático del Dr. Alfonsín, en 1984.

Los exiliados argentinos constituyen una población compuesta mayoritariamente por militantes políticos, entre los cuales había una significa-

---

[68] Marshall, A.: "La emigración argentina, sus destinos principales y la inserción laboral de los emigrantes en el exterior en particular a partir de 1970".

[69] Mármora, L.: Op. Cit. 1997.

[70] Graciarena, J.; Op. Cit Pág. 11.

tiva cantidad de profesionales y técnicos.[71] La pérdida de recursos humanos, sobre todo calificados, sería otro motivo importante sobre la necesidad de generar políticas y programas con el objetivo de su recuperación y retorno.

Los hijos

Durante la infancia y juventud, "la vergüenza y la duda" están constantemente presentes. Son etapas de la vida en donde los seres humanos prueban su propia autonomía y control. Entonces, estos sentimientos y síntomas se refuerzan con el hecho migratorio, tanto en el exilio como en el retorno. "Se refiere específicamente a la situación de estar expuesto y consciente de ser mirado. Uno siente que es visto no estando en las condiciones en que hubiera deseado ser visto."[72]

En una sociedad en donde los exiliados son vistos como diferentes y en donde aún, durante la transición democrática, no son asimiladas las causas de la emigración por la sociedad en su conjunto, a los hijos de esta población retornada les resulta difícil presentarse como tal. La existencia y perduración de un discurso político hegemónico desfavorable a la historia familiar los limita en este aspecto. Entonces, la memoria de su propia vida comienza a resultarles "imperfecta", una "memoria vergonzante". Porque si en una sociedad lo natural se presenta como el no haberse exiliado, el haberlo hecho queda como lo incorrecto, lo malo. "Aquel que está avergonzado quisiera forzar al mundo a que no lo mire, a que no se de cuenta de su estado, y siente intensa rabia por no poder lograrlo."

En este sentido, también se puede comprender cuando muchos de los hijos de exiliados retornados dicen no haber vivido situaciones de discriminación, y por otro no explicar, en ciertas situaciones, cómo puede ser en la búsqueda de trabajo o ante la gente que recién conoce, los motivos de por qué nacieron o vivieron de niños en el exterior. La mayoría de ellos, de acuerdo a lo extraído de las entrevistas, en caso de que le pregunten dan como causa los estudios de los padres.

Mantener el sentimiento de la propia identidad, es posible si coexiste con un sentimiento de "pertenencia" a un grupo social establecido. Este aspecto resulta necesario tenerlo presente al reflexionar sobre hijos de exiliados, tanto en el exilio como en el retorno.

---

[71] Mármora; Gurrieri: Op. Cit Pág. 476.
[72] Grinberg; Op. Cit. Pág. 149.

El retorno es vivido como una nueva partida en ambos sentidos, en el sentido de trasladarse y en el de volver a partir su vida, desprendiéndose nuevamente de objetos en forma masiva (personas, costumbres, idiomas, afectos, etc.), acentuándose el sentimiento de inseguridad y volviendo a estar en peligro la integridad de la identidad.

Es menester tener en cuenta que la niñez es un estadio en el cual el ser humano afirma su autonomía; "la vergüenza y la duda" de no poder es un constante desafío. Enfrentarse a una nueva sociedad, sentirse diferente, nuevo, o intruso, puede ser vivido como una situación traumática, sentirse excluido e inferior a su nuevo núcleo social y también al lugar que ocupa en la decisión de los padres. Los niños son siempre migrantes forzados, no eligen partir y no pueden elegir volver.

La adolescencia, es otro estadio en el cual está presente la búsqueda y consolidación del sentimiento de identidad; el partir significa un quiebre a este proceso.

Para los hijos de los exiliados-retornados, "como nuevos migrantes", el proceso de retorno puede resultar algo irreparable en sus vidas.

Podríamos enunciar de manera resumida las características más importantes de estos "inmigrantes", a partir de ciertos rasgos compartidos. Estos consisten en:

- Haber nacido en un país extranjero, o haber sido llevados a él desde muy pequeños.

- Ser hijos de argentinos expatriados por razones políticas.

- Migrar a la Argentina por decisión de los padres, o sea, casi siempre de manera involuntaria.

- Ser hijos de padres y madres con tendencias político-ideológicas críticas respecto a sectores y políticos dominantes y a los regímenes autoritarios del 1966 y 1976.

- Sobrellevar las dificultades de los padres para iniciar nuevas actividades en su país de origen y reinsertarse en él (con frecuencia situación laboral precaria o sub-óptima, familia nuclear inestable afectada por las turbulencias del exilio, retorno, la revinculación problemática con la familia extendida, con las viejas amistades, y con un entorno social modificado por la dictadura y un muy largo período de ajuste neo-liberal desde 1975 hasta la actualidad).

- Desarraigo y dificultades de los hijos para asimilarse a una nueva cultura, a un sistema educativo diferente, con el desafío de reconstrucción de lazos de amistad.

Las características comunes señaladas hacen de estos migrantes un contingente migratorio diferenciado. Si bien por su historia ellos están impedidos, en muchos aspectos, de construir una colectividad diferenciada al estilo de otras provenientes de flujos migratorios tradicionales.

La opinión de los hijos

Para el desarrollo del presente estudio se llevó a cabo un trabajo de campo que consistió en la realización de 40 entrevistas a hijos de exiliados retornados. Las entrevistas tuvieron un carácter semiestructurado, con algunas preguntas cerradas y otras abiertas.

Para la realización de las entrevistas se implementó una muestra, en la que se tuvo en cuenta la región del país de exilio. Se entrevistó tanto a los que residieron en países de Europa como de América Latina. Ello permite estimar que los que tuvieron como lugar de exilio algún país de Europa no han retornado en la misma proporción que aquellos que se exiliaron en América Latina. Las entrevistas pudieron implementarse mediante la generosa colaboración de los entrevistados y de muchos exiliados retornados. La muestra se construyo a partir del método "bola de nieve", gracias a la colaboración de exiliados retornados contactados durante el período de indagación previa de esta investigación, ya que al no existir registro alguno sobre exiliados retornados y de sus hijos, se hacía imposible poner en práctica otro método alternativo al seleccionado.

Una vez que se logró constituir una lista de exiliados retornados y de sus hijos, los cuales provenían fundamentalmente de diferentes partes de Europa, América Latina, y en algunos casos de Canadá, EEUU, Australia e Israel, entre otros, la muestra quedó finalmente de la siguiente forma:

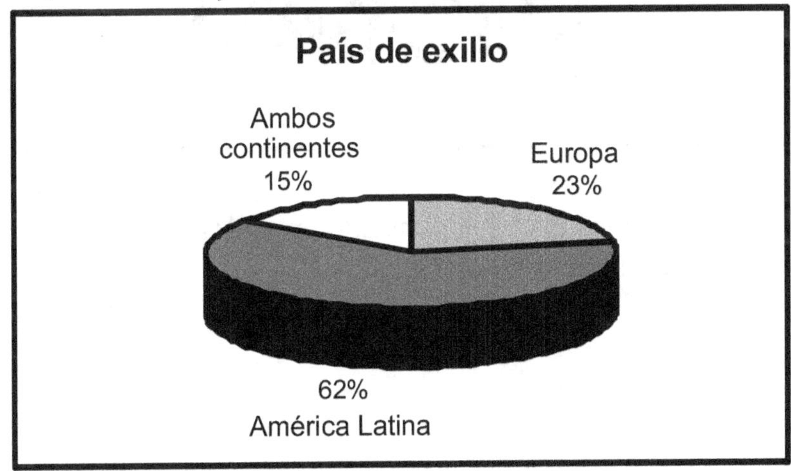

En el presente trabajo consideramos el periodo entre 1983-1985 como la etapa de apertura democrática. Se estimó, previo al estudio de campo, que durante los primeros años de democracia retornó la mayoría de los exiliados con sus familias. Mientras que durante la localización de las personas a entrevistar se observó que los años posteriores a 1989 también fueron significativos (aunque en menor medida que el periodo señalado anteriormente). Esto podría haberse producido como efecto a las nuevas elecciones presidenciales, lo que generaría, de alguna manera, mayor confianza a la continuidad del sistema democrático.

Efectivamente como puede observarse en el siguiente gráfico, 62,5% de los entrevistados había retornado en la etapa mencionada, llegando para 1989 a 85%. Resulta interesante considerar que los retornados recientemente (a partir de 1995) lo han hecho por propia decisión, quedando en algunos casos sus familias en el país de exilio o en algún otro, al cual se trasladaron posteriormente. En estos casos los testimonios dan cuenta de la necesidad de buscar una identidad, de encontrar un lugar de pertenencia o bien, de buscar sentirse parte de una sociedad.

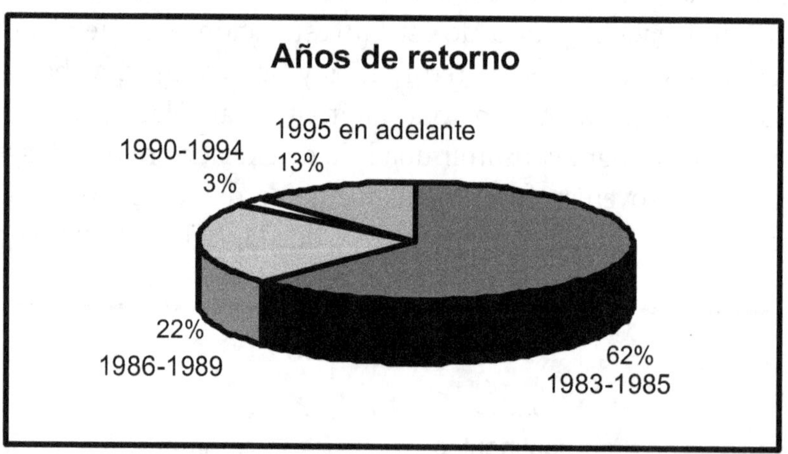

De los entrevistados 80% había nacido en la Argentina y 20% en otro país que no era el de origen de sus padres.

Asimismo, es preciso detenerse en el cuadro sobre la nacionalidad de los hermanos, lo cual indica que 65% tiene hermanos nacidos en otro país que no es Argentina, 50% de los hermanos de los entrevistados son nacidos en el país de exilio de sus padres.

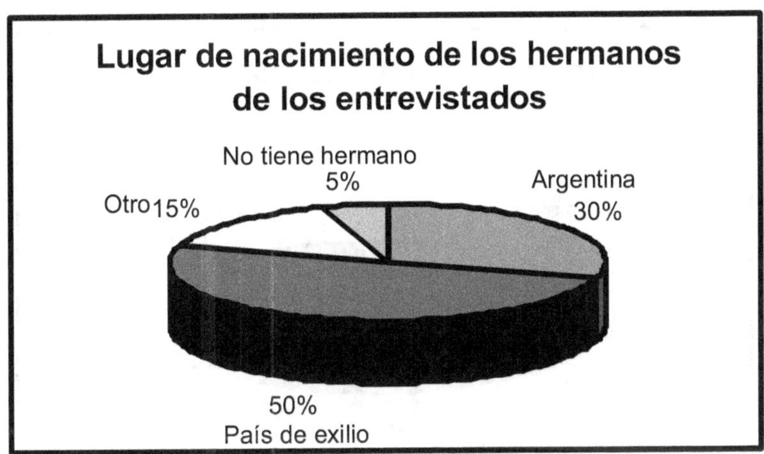

A fin de evaluar el nivel de integración de los hijos de exiliados retornados en el país de origen de los padres o bien el propio, resulta necesario considerar, entre otros, el aspecto laboral.

De los entrevistados 82% trabaja, 35% de ellos lo hace en el sector público, y el resto se encuentra repartido entre el sector privado y las actividades de carácter independiente.

De los que no trabajan (17,5%), 60% se dedican exclusivamente a estudiar.

Teniendo en cuenta la edad de la población entrevistada, que abarca desde los dieciocho a los treinta y siete años, 39% vive en pareja, mientras que 37% lo hace con sus padres y 28% vive sólo.

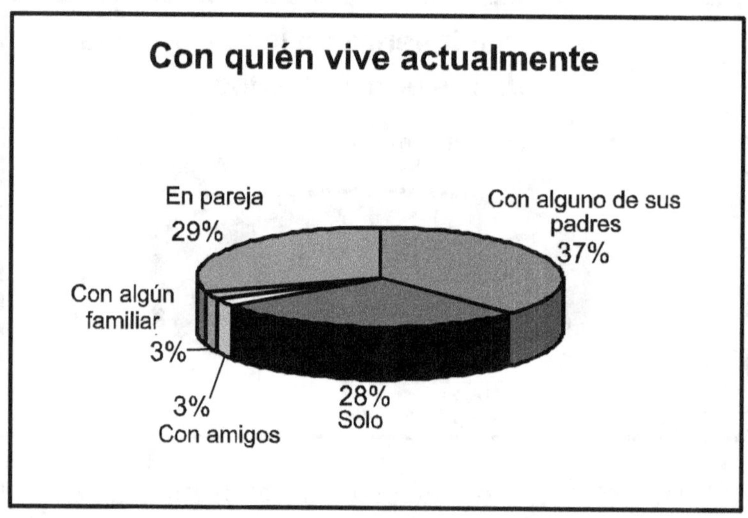

La población entrevistada tiene, en su totalidad, al menos el secundario finalizado, habiendo continuado sus estudios, en la mayoría de los casos, ya sea en el ámbito terciario y/o universitario, como así también de postgrado. Asimismo, vale destacar que 87% realizó, aunque sea parte de ella, la educación primaria en el país de exilio de sus padres (si se tiene en cuenta el porcentaje de entrevistados que la cursaron en el país de exilio o bien en ambos lugares), sucedió lo mismo con 37% con respecto a los estudios secundarios y 10% con los universitarios.

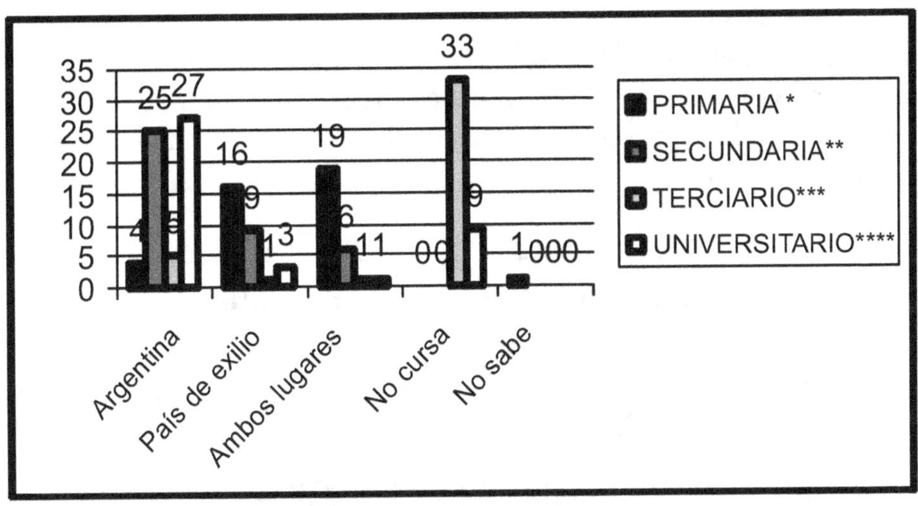

Los cambios de institución educativa resultan un factor relevante para la adaptación a la nueva sociedad. Es preciso tener en cuenta que la infancia y la adolescencia son dos etapas en las cuales el individuo está formando su personalidad y es más vulnerable a los factores externos que un adulto.

Si tenemos en cuenta las respuestas al interrogante ¿cómo se sintió una vez retornado?, aquéllos que contestaron "mal", lo hacen generalmente en alusión a problemas relacionados con la integración en las instituciones educativas. Algunos testimonios plantean:

"Difícil en la escuela, fue violento, era un alumno diferente."
"Me cargaban por el acento, no me explicaban los juegos."

Como se aclaró anteriormente, estos jóvenes que nacieron en Argentina o en otro país, producto del exilio de sus padres y que pasaron su infancia, adolescencia y parte de su juventud en el exterior, se cuestionan acerca de su propia nacionalidad, más allá de cuál fuere su lugar de origen. De los entrevistados, 57% dice sentirse argentino. Si bien algunos cuentan las diferentes angustias por las que han tenido que pasar para llegar a sentirse de la misma nacionalidad que sus padres, la mayoría destaca la importancia de tener dicho sentimiento como un factor importante para la integración.

El restante 42% dice sentir que su nacionalidad es el país de exilio de sus padres, o que son latinoamericanos, o que se sienten sin nacionalidad, o que tienen ambas nacionalidades, o que no saben. Es preciso destacar que para la casi totalidad de los casos este momento de la entrevista resultó una instancia de reflexión, con alto contenido emotivo, y en algunos casos parecieron prevalecer las cuestiones ideológicas por sobre las sentimentales.

En cuanto al aspecto legal sobre la nacionalidad de los hijos de argentinos exiliados nacidos en el exterior es preciso tener en cuenta las dificultades que se han presentado para obtener la nacionalidad (véase apartado sobre cuestión legal).

Es preciso destacar que, en la mayoría de los casos, los hijos de los exiliados retornados no han participado de la decisión de retornar. Para 62,5% de ellos fue una decisión de los adultos; y 20% afirma que la decisión fue familiar, acotada la edad que tenían como para poder decidir; o bien afirman no habérselo cuestionado nunca, ya que estaba implícito en el grupo familiar el retornar a la Argentina a partir de la apertura democrática.

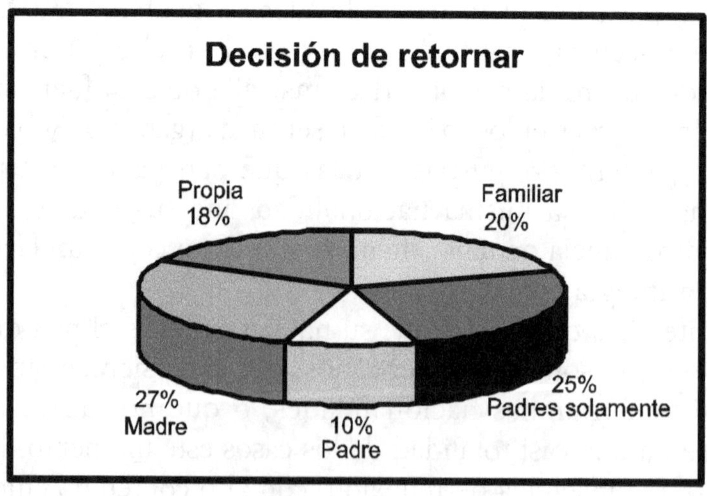

Asimismo, resultan mayoría los que dicen haberse sentido bien en el momento de retornar. Generalmente aluden a concretar algo esperado por la familia, a que sabían que en algún momento tenían que volver, a que iban a ver a los abuelos y poder comprarse alfajores todos los días.

Los que alegan haberse sentido mal refieren a cuestiones de no-diálogo previo entre las familias, o a haberse enfrentado a la realidad: retornar implicó dejar todo lo que tenían.

En este sentido es oportuno considerar las respuestas referidas al conocimiento que tienen estos jóvenes sobre su historia personal. Tanto las preguntas sobre las causas del exilio, como la forma en que han salido de la Argentina ellos con sus padres, o bien sus padres solamente, pretenden indagar sobre el nivel de diálogo sobre la historia familiar, ya que lo consideramos un factor importante para la conformación de la propia identidad.

Lo que se destaca es que la totalidad de los entrevistados conocen las causas del exilio de los padres. Aunque si bien algunos no saben el nivel de compromiso político que tenían, otros pueden describir qué era lo que estaba sucediendo en el entorno social de sus padres en el momento de decidir el exilio.

La repercusión que ha tenido el exilio y el retorno en la vida familiar pueden verse reflejados, en principio, cuando uno de los integrantes no ha regresado, o bien en el desmembramiento de las familias. Algunos integrantes han seguido un rumbo distinto al del núcleo familiar. Los relatos de los entrevistados reflejan que 42% no ha retornado junto con su familia. Es importante destacar que los casos que se presentan son variados, tales como suele darse en las familias de migrantes, más allá de las causas que los haya motivado a migrar. Es preciso señalar que en el último siglo se ha ido modificando la modalidad de migrar de las familias. Antiguamente, primero migraba el varón, se instalaba laboralmente y luego lo hacía la esposa e hijos; actualmente hay una tendencia a que sea la mujer la que se traslade primero. Los motivos pueden encontrarse tanto en la inserción laboral de la mujer en el país de destino, como en la protección de los menores en el momento del traslado. En cuanto a la comunidad en estudio no todos retornaron al mismo tiempo, sino que hubo familias en las que los integrantes lo fueron haciendo paulatinamente, es decir, primero la madre, luego el padre con algún hermano, y de otras formas diferentes. Hubo casos en que uno de los integrantes no ha retornado nunca, o ha retornado y se ha vuelto a ir. Con respecto a la comunidad de exiliados los motivos también son variados: falta de decisión de algún miembro familiar, el retorno de alguno para que informe al resto del grupo familiar sobre la situación en Argentina, cuestiones de inserción laboral, estudios y seguridad política.

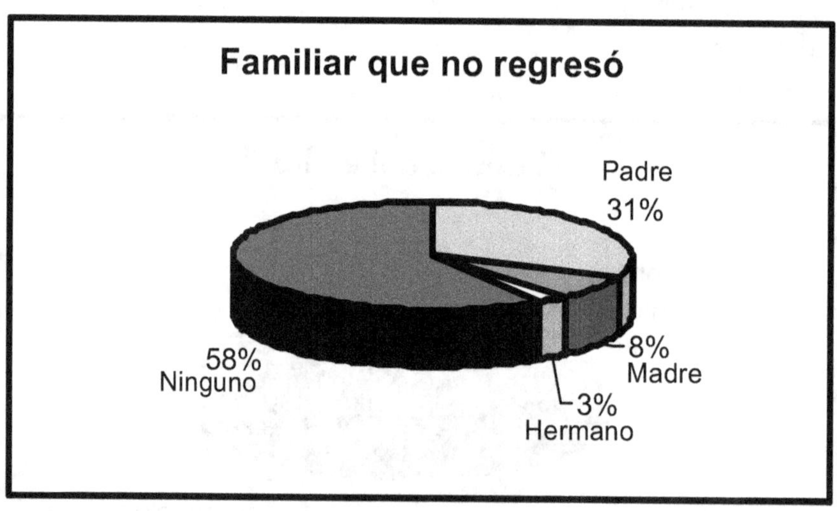

Si bien 77% de los padres de los entrevistados se encuentran separados, resulta relevante detenerse en el momento en que sucedió la separación: 41% durante el exilio y 38% en el retorno. Las aserciones de los entrevistados explican no poder hacer especial mención sobre las causas de la separación de los padres cuando ésta tuvo lugar durante el exilio; pero en cambio sobre aquellas que sucedieron durante el retorno aseveran que esa instancia influyó en la decisión. Algunos de los entrevistados dicen que los padres lo tendrían que haber hecho durante el exilio, pero el hecho de encontrarse solos los mantenía unidos. Otros plantearon que esta situación se produjo porque la readaptación al país y los reencuentros intervinieron en los conflictos de pareja, lo que desencadenó en la separación.

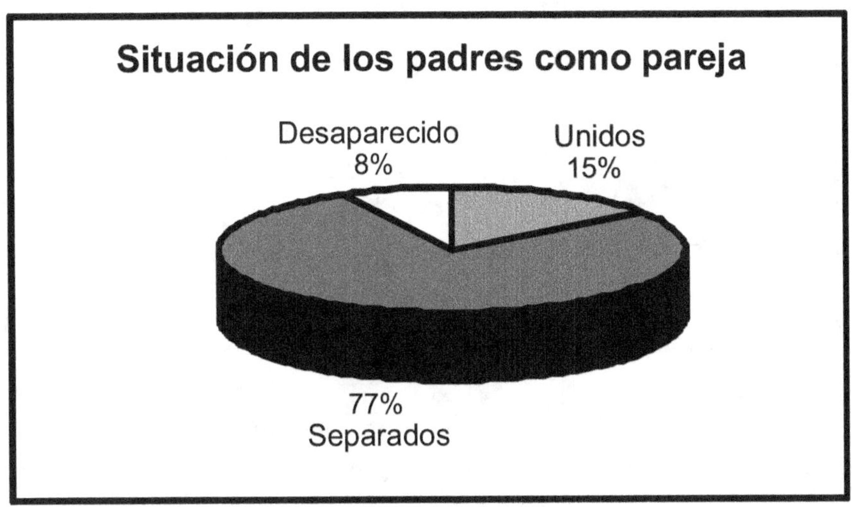

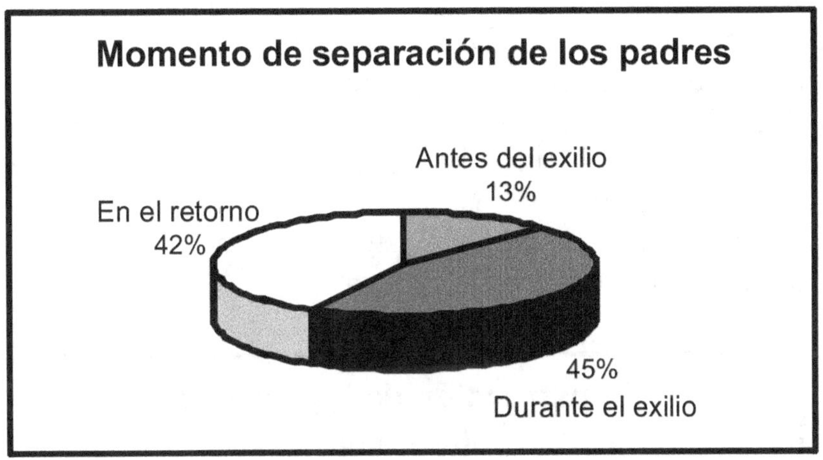

Como era de estimarse previamente a las entrevistas, un alto porcentaje de los exiliados participó alguna vez en alguna agrupación u organización social. Los que lo hicieron antes del exilio lo referían a una participación que tenía un carácter político, mientras que los que lo hicieron durante el exilio, lo relacionaban más a la temática de los Derechos Humanos. Sin embargo, no todos participaron de igual manera e intensidad luego del retorno.

Asimismo, al hacer una correlación con los hijos de exiliados retornados que participan en alguna agrupación, 40% lo hace y el carácter es variado: político pero no partidario, de Derechos Humanos, gremial, ONGs, artístico.

De todos ellos 72,5% cree en la construcción de un espacio político alternativo a los existentes. Esto implica que no están de acuerdo con los actuales espacios como instancias suficientes para lograr un cambio profundo en la sociedad. En general, aluden a lugares no partidarios y con prácticas directas: 35% considera a la sociedad argentina autoritaria, mientras que 47,5% la define de manera negativa, utilizando adjetivos como conformista, cómoda, egoísta, despreocupada, negadora de su propia historia. Sólo 17,5% considera que es una sociedad democrática, pero, asimismo, vale destacar que 80% de los entrevistados opinan que las instituciones democráticas formales no son suficientes para que la sociedad argentina sea democrática. En estos casos hacen mención a la corrupción y a la falta de representatividad.

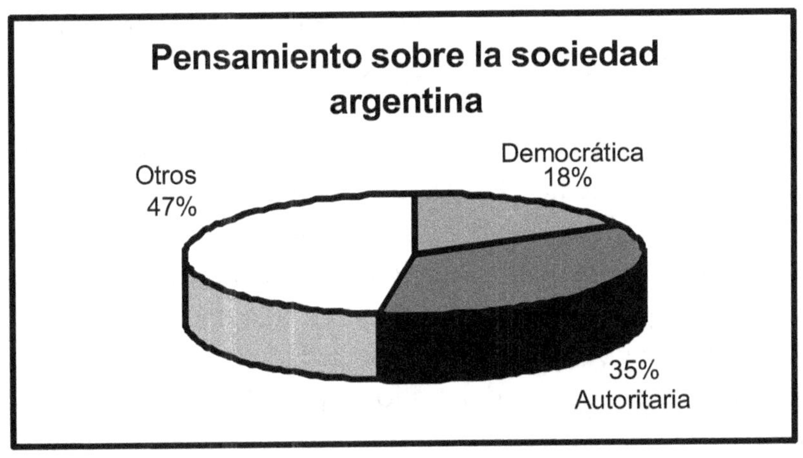

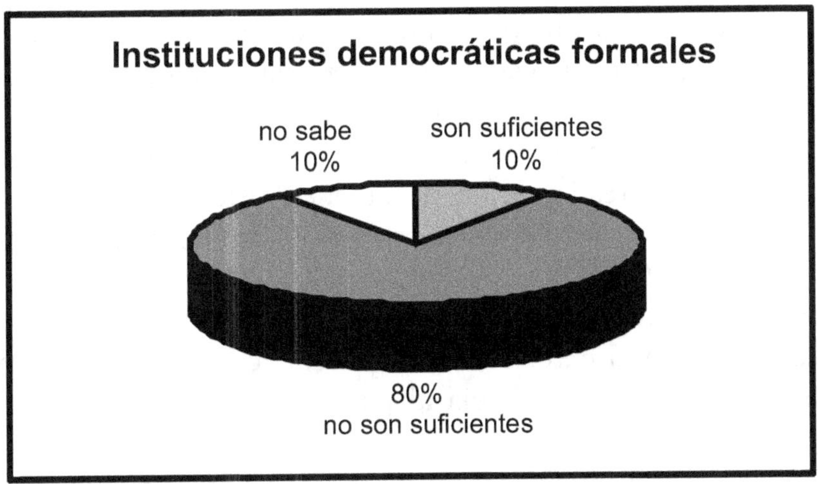

Si tenemos en cuenta que 60% no participa en alguna agrupación, que 81% evalúa a la sociedad argentina en forma negativa y 80% estima que habría, al menos, que fortalecer las instituciones democráticas, es posible suponer, teniendo en cuenta los testimonios, que los que no participan políticamente no lo hacen por una falta de sentimiento de credibilidad en los espacios de participación existentes. De igual manera, puede estimarse, que al sentirse la mayoría discriminado por su condición de hijos de exiliados, les es muy difícil o no pueden encontrar un lugar de identificación.

Con respecto a qué piensan los padres sobre la Argentina en el momento del exilio, se registra una muy baja tendencia de los mismos a hablar de nuestro país, y cuando lo hacen prevalecen las imágenes negativas.

Cuando se les pregunta qué pensaron sus padres acerca de la Argentina luego de decidir el retorno, aparece un tema recurrente asociado a las imágenes sobre el país: la violencia.

De acuerdo a las respuestas a la pregunta sobre qué pensaban sus padres acerca de la sociedad de recepción al momento del exilio es recurrente la alusión a la difícil integración social, fundamentalmente asociada a la existencia de costumbres diferentes y al registro de situaciones generalizadas de desigualdad social. Las imágenes positivas se asocian principalmenete a un concepto: sociedad más abierta. En aquellos que estuvieron en países más desarrollados aparece la admiración por la sociedad receptora, pero destacando la difícil adaptación.

Con respecto a la opinión sobre la sociedad receptora luego del retorno, se registra que al regreso del exilio se produce una revalorización de esa sociedad.

Sobre qué pensaba respecto de la Argentina cuando vivía en el extranjero, la percepción predominante es la de pertenencia y positividad en general. La opinión negativa está asociada al miedo a la dictadura militar.

Ahora bien, la opinión que tienen una vez retornados a la Argentina, muestra una difícil readaptación de quienes residieron en otros países latinoamericanos por la falta, en nuestro país, de "libertad" y "expresividad" en sentido latino.

Sobre la pregunta qué pensaba acerca de la sociedad de recepción mientras estaba en el exterior, las respuestas coinciden en la positividad y sensación de pertenencia al país receptor cuando se trata de latinoamericanos

En el mismo sentido, luego del retorno, las respuestas positivas se asocian a la dificultad de readaptación a la Argentina y a la nostalgia por la pérdida de sus afectos en el exilio. La integración se lee en términos de tener trabajo. La dimensión negativa hace referencia a las diferencias culturales.

Con respecto a la pregunta sobre integración o marginación en la sociedad receptora, aparece el trabajo como indicador de adaptación de los padres y no necesariamente la integración en términos de sociabilidad y amistad.

En la pregunta sobre la reintegración y el retorno a la sociedad argentina vuelve a aparecer el miedo como instancia que debe ser superada, pero que al momento de tomar la decisión juega un papel significativo, sobre todo, por el peso que tienen las historias contadas y los mensajes incorporados.

En la pregunta cómo se sintió una vez retornado, las respuestas negativas corresponden al desarraigo y a algunas dificultades de adaptación a una sociedad que les dio la espalda a sus padres y que no termina de reconocer las implicancias de un proceso tan desvastador como el generado por los militares argentinos.

El no considerarse marginado surge en todas las respuestas de la relación que tienen con la lengua (acento e idioma). Ello permite suponer que la vinculación con la sociedad argentina estaría signada por la falta de conocimiento que tiene la población que se quedó, sobre quiénes son ellos y cual es su procedencia, en tanto hijos de exiliados.

Esta situación se condice con las respuestas que dieron sobre la discriminación. El planteo general fue el no sentirse discriminado. Aparece aquí el tema de *"no hacerse cargo"* de esa situación (en el caso que existiese), con una cierta connotación generalizada que podría estar mostrando una actitud defensiva.

CAPÍTULO 5

Interpretaciones sobre una comunidad de inmigrantes

A los hijos del retorno ¿se los puede considerar como nuevos inmigrantes? Si nacieron en la Argentina, serían retornados, pero si nacieron en el extranjero sin duda son inmigrantes. ¿Pero de que tipo? Si la decisión fue de los padres y ellos no participaron de la misma, se puede hablar de migración forzada. Nos hemos encontrado con hijos que nacieron en la Argentina y partieron con sus padres de pequeños, con hijos que en la misma condición eran un poco más grandes. De estos dos grupos, algunos retornaron con sus padres y se quedaron en el país, otros se marcharon hacia otro país o incluso regresaron al país del exilio de sus padres o ni siquiera vinieron con ellos y se quedaron directamente en el país del exilio. Tenemos hijos que nacieron en el exilio y vinieron a la Argentina con el retorno de sus padres, algunos se quedaron, otros regresaron al país donde nacieron y algunos otros directamente ni vinieron con sus padres. El análisis de esta situación nos permite abordar otra faceta de los hijos del retorno, y agregar algunas nuevas interpretaciones para continuar reflexionando sobre una situación que todavía no está concluida.

Los hijos del retorno, una nueva comunidad de inmigrantes

Los exiliados, según el país que los acogió, su edad y formación previa, tuvieron en mayor o en menor medida la oportunidad, y en algunos casos la posibilidad concreta, de formarse y desarrollarse profesionalmente en el país de recepción, de crecer en lo personal, de viajar, de conocer culturas diferentes y de ampliar sus redes sociales.

Ellos intentaron adaptarse a nuevos medios de supervivencia, y en algunos casos lo lograron. Sus hijos, pequeños o adolecentes, fueron quienes llegaron a integrarse, en mayor grado y con menos esfuerzo, en sociedades que no eligieron para su crecimiento y educación. Tuvieron que adaptarse a transplantes culturales siguiendo a sus padres.

Es por ello que al analizar la población de los hijos de exiliados retornados resulta necesario ampliar el concepto de migrantes. Tradicionalmente en él podemos contar con indicadores como "espacio" y "tiempo"[73], y en el caso de las migraciones internacionales el de la "nacionalidad". Sin embargo, este estudio requiere comprender la migración más allá de la nacionalidad, ya que no necesariamente los Hijos pertenecen a una misma nacionalidad; en esta población puede haber o no integrantes argentinos.

Claro está que todos vivieron un cambio del lugar de residencia, lo que implica un cambio de hábitos, costumbres y afectos a pesar de volver al lugar de origen para aquellos que habían nacido y vivido algún tiempo en la Argentina.

Constituyen una nueva comunidad de inmigrantes, por las características de la población no son inmigrantes en el sentido usual del término mismo, ni tampoco retornados, ya que el "retorno anula la condición de migrante"[74], y tal categoría no es aplicable a este grupo.

Siguiendo a Nisbet, es posible hacer referencia al término comunidad como "todas las formas de relación que se caracterizan por un elevado grado de intimidad personal, profundidad emocional, compromiso moral, cohesión social y continuidad en el tiempo [...] puede encontrarse en [...] localidad, religión, nación, raza, profesión o (aspectos en común)"[75]. Si bien al referirnos a comunidad podemos pensar, en una primera instancia, en elementos comunes como idioma, costumbres y valores. Para la población analizada resulta apropiado tener presente un elemento que la conforma como tal y que es una posible identidad en común, compuesta por trayectos de su historia que le son similares y que los diferencia de otras comunidades de inmigrantes, o bien de la población nacional en sí.

Entonces, constituyen una comunidad porque comparten una historia migratoria similar; y si bien no todos arriban del mismo lugar ni

---

[73] Niedworok, N. Migraciones internacionales: Problemas de la Investigación empírica, aspectos conceptuales y metodológicos. Ficha Pág. 118
[74] Niedworok; Op. Cit. pag. 119
[75] (Nisbet, pp. 47-8) (5).

tienen la misma nacionalidad, lo que los conforma como tal es la similitud en la historia familiar. Asimismo, el nuevo lugar de residencia no les es del todo ajeno ya que, si bien puede no ser el lugar donde todos nacieron, es el lugar de origen y/o residencia de sus padres. Lo que implica que desde siempre, aunque constituya una migración forzada por la ausencia del carácter decisivo en el acto migratorio, es un lugar que en algún punto les resulta o les debiera resultar familiar. Lo paradójico es que ese "lugar familiar" les fue hostil al momento de insertarse. Por un lado por lo forzoso de la situación, y por otro por la preponderancia del discurso político hegemónico que disgrega al diverso. Estos jóvenes arribaron a una sociedad que no tenía un espacio de recepción para los que se exiliaron y retornaron ni para la familia que los acompañaba.

Para los hijos de exiliados **no es retorno,** aunque estén volviendo al lugar donde nacieron. El lugar de origen puede ser considerado en forma más amplia que el lugar de nacimiento. Es el lugar donde se constituyó la socialización primaria, que si bien ésta se da fundamentalmente en el seno familiar, hay que tener en cuenta en qué ámbito social se terminó insertando la familia. Muchos de los hijos de exiliados retornados pasaron, no sólo por el proceso de socialización primaria en el país de exilio de sus padres, sino también por algunas instancias de la socialización secundaria, entendida ésta como "cualquier proceso posterior que induce al individuo ya socializado a nuevos sectores del mundo objetivo de su sociedad"[76].

Un aporte final a la comprensión del fenómeno

> "Mundo de la disciplina y la regulación, que construye y produce individuos obedientes y dóciles. Sujetos sometidos a un metódico control y adiestramiento que dibuja, incluso, hasta el propio deseo."[77]

Los hijos de exiliados retornados son un conjunto de jóvenes que, ante todo, no han tenido la posibilidad de decidir por sí mismos el lugar de residencia; y que frente a la sociedad de origen de sus padres enfrentan una serie de conflictos, los cuales, en muchos casos, todavía no han podido resolverse.

El carácter de politización y la socialización dentro de un tipo de estructura familiar, fueron condicionantes fundamentales para decidir el

---

[76] Berger y Luckman.: "La construcción social de la realidad". Buenos Aires, Amorrortu. (1988)
[77] Aruj, R.: Op. Cit.

nivel de integración a la sociedad global, y las características de su relación con otros diversos.

Los exiliados retornados, así como sus hijos, formarían parte de la articulación con otros oprimidos, a partir de un primer reconocimiento de su identidad discriminada. Por lo tanto, este reconocimiento dentro de la opresión en que es subsumida la clase subalterna puede afirmar positivamente su diversidad.

Estos sujetos se encontrarían integrados a otros diversos, como parte de la clase subalterna, lo cual los configura dentro de un probable o potencial Nuevo Espacio Democrático, que articula las múltiples opresiones en un discurso político contra hegemónico.

La socialización familiar y el contexto político en que se encontraron en el momento del retorno, determinó, en su vinculación con otros, su condición de desintegración en el marco de la sociedad.

Teniendo en cuenta las tesis propuestas por el Dr. Hugo Calello, la diversidad aparece como un espacio específico de la clase subalterna, y el diverso es tanto un segregado como discriminado u oprimido. El diverso es segregado por toda la sociedad a partir de las manifestaciones del "sentido común". Desde allí el discurso político hegemónico distingue lo negativo y lo aísla, para someter a la clase subalterna al consenso rutinario.

El Discurso Político Hegemónico (históricamente excluyente de lo diverso) operó desde el aparato estatal, a partir de la apertura democrática, como generador de un sistema de representaciones sociales sobre los exiliados y sus hijos, signándolos como excluidos.

En este sentido, y pese a las condiciones impuestas al llegar a la sociedad Argentina, los hijos de exiliados han intentado integrarse de diferentes maneras, estudiando y trabajando, vinculándose con otros jóvenes y asistiendo a espacios culturales, políticos y/o sociales, que les permitieran una mayor identificación con sus raíces familiares.

En muchos casos, siguen manteniendo una serie de vinculaciones con las relaciones generadas en la sociedad del exilio de sus padres, donde nacieron o crecieron y se socializaron, lo cual les produce una serie de sensaciones contradictorias a la hora de pensar en qué país se sentirían más a gusto y dónde tendrían mejores condiciones de vida.

Para estos jóvenes, muchos de los cuales siguen buscando su verdadera identidad y participando de movimientos que mantienen la "memoria viva", se hayan integrado o no, tengan la idea de volver a la sociedad desde donde partieron o no sepan cual es su "lugar en el mundo", lo que nunca cambiará, es su situación de "migrantes forzados" a un país que persiguió y expulsó a sus padres y en donde, aunque hayan cambiado y mejorado algunas condiciones vinculadas al derecho a la diversidad ideológico política, siempre cargarán con el estigma de ser los hijos del exilio.

Acuña, González Bombal, Jelin, Landi, Quevedo, Smulovitz, Vacchieri: "Juicio, Castigo y Memorias. Derechos Humanos y justicia en la política argentina", en La Investigación social. Nueva visión. Abril 1995. Bs. As.

Aruj, Roberto: *Por que se van. Exclusión, frustración y migraciones.* Prometeo libros. Buenos Aires, 2004.

Berger y Luckman: *La construcción social de la realidad.* Buenos Aires, Amorrortu. (1988)

Bertoncello, R y Lattes A.: *Medición de la migración de argentinos a partir de la información general.* CEAL, Buenos Aires, 1986.

Bertoncello, R.: *Algunos antecedentes sobre la investigación de la emigración de argentinos,* CEAL, Buenos Aires, 1987.

Bolzman, Claudio: "Los exiliados del cono sur. Dos décadas más tarde.", en Costles, S. y otros: Lejos del país; emigrantes refugiados exiliados, en Nueva Sociedad, N° 127, sept-oct. de 1993.

Brocato, Carlos A.: *El exilio es el nuestro. Los mitos y los héroes argentinos ¿Una sociedad que no se sincera?,* Sudamericana-Planeta, 1986.

Bunge, J., Abaca, F.: Trabajo de investigación de una política de retorno de argentinos, Dirección Nacional de Migraciones, Ministerio del Interior, 1985.

Cazaux, Silvia: "Migración de retorno hacia Argentina. Consideraciones acerca de los problemas psicosociales; formulación de políticas a corto plazo.", 1985, sin más datos.

Cazaux, S. Y Lepore, S.: "Los argentinos que retornan: Problemas socioeconómicos y psicosociales", Documento de información presentado por la Dirección Nacional de Migraciones, Ministerio del Interior, Buenos Aires, 1985.

CELADE: "El problema del éxodo del personal calificado en América Latina". Cuadernos del CELADE N° 2, Santiago de Chile, Septiembre de 1979.

Clemente, Hebe: *El miedo a la inmigración,* Ed. Leviatán, Buenos Aires, 1984

Comité Intergubernamental para las migraciones (CIM) Proyecto de migración hemisférica, Universidad de Georgetown (CIPRA),1985.

Devoto, F.: "Movimientos migratorios: Historiografía y problemas", en *Fundamentos de las Ciencias del Hombre*, Centro Editor de América Latina, Buenos Aires, 1992.

Domínguez, G.: "La visualización del exilio y el retorno en la sociedad argentina", CENEP, Documento de trabajo, Buenos Aires, 1987.

Ferris, E.: "Un mundo al revés", en "Refugiados", N°58, en *Nuevos roles y relaciones: la familia en el exilio*, Ginebra, noviembre de 1989.

Germani, G.: *Estratificación y migración en Argentina*, Raigal, Buenos Aires, 1962.

Giusti, Alejandro: "Argentina: las fuentes de datos sobre migración internacional, alcances y limitaciones de su uso". Conferencia sobre medición de la migración internacional en América Latina. Proyecto de Migración Hemisférica. Universidad de Georgetown. Organización Internacional para la Migración. Bogotá. 21 al 23 de octubre de 1993

Grimberg, León y Rebecca: *Psicoanálisis de la migración y del exilio*, Alianza, Madrid, 1984.

Gurrieri, J.: *La emigración de argentinos; una estimación de su volumen*, Buenos Aires, Dirección Nacional de Migraciones, 1982.

Hardy, L.: "Valores relativos", en "Refugiados", N° 58, "Nuevos roles y relaciones: la familia en el exilio", Ginebra, Noviembre de 1989.

Horowitz, M.: *La emigración de profesionales y técnicos argentinos*, Buenos Aires, Instituto Torcuato Di Tella, 1962.

Houssay, Bernardo A., "La emigración de científicos, profesionales y técnicos de la Argentina", en Ciencias Interamericanas, Washinton D.C., julio-agosto, 1966.

Izaguirre, Inés: "Los desaparecidos: recuperación de una identidad expropiada" Los Fundamentos de las ciencias del Hombre. CEAL, Instituto de Investigaciones de la Facultad de Ciencias sociales de la UBA. Buenos Aires. 1994

Lafalla, Valeria: "Efectos psicosociales de las migraciones". Tesis de Maestría de Política Migratorias Internacionales – UBA –OIM. Directora de tesis: Dra. Diana Couto. 2004 (inédita)

Lattes, A. y Oteiza, E.: *Dinámica Migratoria argentina (1955-1984): Democratización y retorno de expatriados*, Tomos 1 y 2, CEAL, Buenos Aires, 1987.

Lattes, A.: *Visión general de la migración internacional en la Argentina*, CEAL, Buenos Aires, 1987.

Lepore, S.: "Problemas que enfrentan los migrantes y los miembros de sus familias al regresar a su país de origen", Séptimo seminario sobre Adaptación Integración de los Migrantes, Documento N° 4, Buenos Aires, 1985.

Maletta, H., Frida, S., Schneider, R.: "Exclusión y reencuentro: Aspectos psicosociales del retorno de los exiliados a la Argentina", Dirección Nacional de Migraciones, Departamento de Estudios y Promoción de la Inmigración, en Cuadernillo de Estudios Migratorios Latinoamericanos N° 1, Agosto de 1986.

Maletta, H.: "Del pasivo al activo: Una política para los emigrados de América Latina", Revista Estudios Migratorios Latinoamericanos, Edit. Centro de Estudios Migratorios Latinoamericanos, Año 3, N° 10, Buenos Aires, Diciembre de 1988, Página 497.

Margulis, M.: Migración y marginalidad en la sociedad argentina, Ed. Paidos, Buenos Aires, 1968.

Mármora, L.: Migraciones Internacionales. La definición de políticas Migratorias, Buenos Aires, 1990, Seminario: Reforma constitucional y Ordenamiento Legislativo en materia de población.

Mármora, L.: "La fundamentación de las políticas migratorias Internacionales en América Latina, Revista Estudios Migratorios Latinoamericanos", Edit. Centro de Estudios Migratorios Latinoamericanos, Año 3, N° 10, Buenos Aires, Diciembre de 1988, Página 375.

Mármora, Lelio; Gurrieri, Jorge: El retorno en el Río De La Plata. (Las respuestas sociales frente al retorno en Argentina y Uruguay), Revista Estudios Migratorios Latinoamericanos, Edit. Centro de Estudios Migratorios Latinoamericanos, Año 3, N° 10, Buenos Aires, Diciembre de 1988, Página 467.

Marshall, Adriana: "La emigración argentina, sus destinos principales y la inserción laboral de los emigrantes en el exterior en particular a partir de 1970", S.L., Proyecto de migración hemisférica, Centro de políticas de inmigración y asistencia a los refugiados, Universidad de Georgetown, 1985.

Montuschi, Luisa: "Fuga de cerebros: el punto de vista del capital humano", en revista Idea N° 132, Junio de 1989, Bs. As.

Nicolussi, Francisco: "Reflexiones psicoanalíticas sobre la migración", en Revista de Psicoanálisis, Buenos Aires, sin más datos.

Niedworok, N.: "Migraciones internacionales: Problemas de la Investigación empírica, aspectos conceptuales y metodológicos". Ficha.

O'Donnell, Guillermo: *El Estado burocrático autoritario*, Paidós, Buenos Aires, 1986

Orsatti, A.: "La emigración de argentinos", Proyecto Migraciones Laborales, O.E.A., Gobierno de España, Investigación: Migraciones Laborales en Argentina, Serie informes parciales, N° 6, Año 1982.

Oteiza, E.: "Emigración de profesionales, técnicos y obreros calificados argentinos a los EE.UU.: Análisis de las fluctuaciones de la emigración bruta, julio de 1950 a junio de 1970", en Desarrollo económico, V. 10 N° 39/40, página 429-454, Buenos Aires, IDES, 1971.

Oteiza, E.: "Un replanteo teórico de las migraciones de personal altamente calificado", en Adams, Walter, *The Brain drain*, The McMillan Co, New York, 1968 (Buenos Aires, Ed. Paidós, 1971).

Pessar, Patricia R.: *Fronteras permeables; migración laboral y movimientos de refugiados en América*, Planeta, colección "política y sociedad", Buenos Aires, 1991.

Portes, A.: *Psicología social de la emigración*, Instituto Torcuato Di Tella, Centro de Investigaciones sociales, Buenos Aires, 1973.

Sausi, J.L. y García M.A.: "Gli Argentini in Italia, Una comunitá di inmigrati nella terra degli avi", Biblioteca Universales Synergon, Bologna, Italia, Noviembre de 1992.

Schkolnik, S.: *Volumen y características de la emigración de argentinos a través de censos de extranjeros*, CEAL, Buenos Aires, 1987.

Slemenson, M. y otros: *Emigración de científicos argentinos: organización de un éxodo a América Latina. Historia y consecuencias de una crisis político-universitaria*, Buenos Aires, Instituto Torcuato Di Tella, 1970.

Vezzetti, Hugo: *Pasado y Presente. Guerra, dictadura y sociedad en la Argentina,* Siglo veintiuno editores Argentina. Buenos Aires, 2002.
Zuccotti, Juan Carlos: *La emigración argentina contemporánea a partir de 1950,* Plus Ultra, Buenos Aires, 1987.

Publicaciones:

Aspectos económicos y sociales de la Migración de Retorno voluntaria, Resúmenes de los debates, conclusiones y recomendaciones, Séptimo seminario sobre adaptación e integración de los migrantes, 9 a 13 de Diciembre de 1985, CIM, Ginebra.
Primeras Jornadas Nacionales sobre Problemas de Repatriación y Exilio, OSEA (Oficina de Solidaridad para Exiliados Argentinos), Buenos Aires, 27,28 y 29 de Julio de 1984.
Revista del Servicio Ecuménico de Reintegración, N° 1, Montevideo, 1988.
Revista "Testimonio Latinoamericano", N° 15 y 16, año 3, Barcelona, Octubre de 1982.